Wolfgang Borchardt

Farbe in der Gartengestaltung

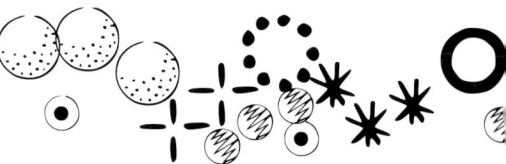

Wolfgang Borchardt

Farbe in der Gartengestaltung

98 Fotos
44 Zeichnungen

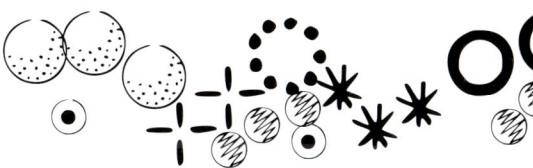

Gärten mit Farben gestalten

Um Farben von Blüten, Blättern, Früchten und Rinden der Pflanzen im Garten gezielt einsetzen zu können, muss man einige Grundregeln zur Wirkung von Farben einzeln oder in ihrer Verbindung miteinander kennen. Nur wer weiß, dass und wie sich Farben und Umgebung beeinflussen, kann für seinen eigenen Garten entscheiden, ob es darin eher „bunt zugehen" soll oder ob dezente Farben das Bild bestimmen. Wie farbig darf Ihr Garten sein?

Warum ein Farbgarten?

Farbenprächtige Pflanzungen sind das Markenzeichen und die Erfolgsgarantie jeder Gartenschau. Die Besucher nehmen viele Anregungen mit und manches Gesehene wird auch im eigenen Garten umgesetzt. Aufregende Farbenfülle, an einem einzigen Gartenschautag genossen, ist Woche um Woche allerdings meist schwer zu ertragen. Zumal nicht jeder die Kraft aufbringen mag oder kann, abgeblühte oder blühfaul gewordene Pflanzen beharrlich zu ersetzen. Vielleicht gehören Sie aber zu denen, die es mit und in ihrem Garten nicht leicht haben wollen? Die intensive Auseinandersetzung mit einem Stück Erde kann die Zeit und Zuwendung einfordern, die wir Menschen und Dingen im Alltag so häufig versagen. Damit Farbenträume Wirklichkeit werden können, sollten Sie die eigenen Ansprüche und Möglichkeiten ergründen!

Mit Farben sind viele wichtige Informationen verbunden, die oft sogar im Übermaß auf uns einwirken. Um dieser „Farbenflut" zu begegnen, kommt manchem ein grüner Garten gerade recht.

Der kräftigen Frühlingssonne setzt diese Wechselbepflanzung verhaltene Farbtöne entgegen.

Aber einige wenige Farbtupfer können diesen Garten noch grüner erscheinen lassen! Dies ist eine wichtige Erkenntnis auch für Liebhaber grüner Rasenflächen, Formhecken und Buchskugeln. Einige Anhänger überbordender Blumengärten mögen es „schön bunt", aber Farbe kann mehr – vor allem dann, wenn sie eher sparsam eingesetzt wird. Für viele Gartenbesitzer ist ein farbiger Garten Ausdruck ihres Lebensgefühls, das sie durch sorgfältig ausgewählte Pflanzen nach außen tragen. Sie suchen nach Wegen, in ihrem Garten immer noch umfassender zu agieren und dabei Gefühle, deren Farbentsprechungen sowie die dazu passenden Pflanzen noch besser miteinander zu verknüpfen. Dabei gilt es, die

ganze farbige Bandbreite von Blüten, Früchten, Trieben, Sommer- und Herbstlaub auszuschöpfen.

Farbe allein macht keinen Garten. Es ist der himmelwärts offene Raum, der uns Geborgenheit bietet und gleichzeitig der Natur nahe sein lässt. Gartenräume – geschaffen durch dezent farbige Bäume, Sträucher, Hecken und Mauern – sind der Rahmen, der farbigen Pflanzungen unsere ungeteilte Aufmerksamkeit sichert. Gerade deshalb ist es sinnvoll, hier kein buntes Allerlei anzubieten. Bevor Sie Ihre Ideen zur Gartengestaltung konkretisieren, sollten Sie sich genügend Zeit nehmen, um über Ihr persönliches Verhältnis zu Farben nachzudenken. Grundlegende Informationen sowie vielfältige

Anregungen in Form von Gestaltungs-
beispielen und Pflanzideen erhalten Sie
in diesem Buch.

Pflanzenverwendung nach Farben
verlangt Erfahrung – zunächst vor allem
Kenntnis der Pflanzen, ihrer Gestalt,
Lebenszyklen, Wuchsleistungen und
Standortansprüche.

Gestalten heißt Ordnen! Kompositori-
sches Geschick gilt es mit dem zu verbinden, was an genau diesem Ort vorhandene Bäume, Bodenbedingungen, Relief-
unterschiede oder landschaftstypische
Baustoffe bieten. Nur so entsteht der
unverwechselbare Garten, der individu-
ellen Gegebenheiten sowie den eigenen
Ansprüchen gerecht wird.

Nicht selten resignieren die Besitzer
schattiger Gärten, weil hier ohnehin
nichts möglich zu sein scheint. Ein
bedauerlicher Irrtum! Obwohl Licht

nötig ist, um Farben wahrzunehmen,
eröffnet der Schattengarten besondere Möglichkeiten. Hier wird es nie so
grell, dass Farben verflachen. Mindestens unter Bäumen ist der Schatten
selten gleichmäßig, die entstehenden
Lichtflecken erzeugen abwechslungs-
reiche Muster, die wir im Sonnenlicht
nicht haben. Dabei werden Farben um
ihre Hell- und Dunkelstufen bereichert.
Während freie Flächen (sonnen)klar und
offensichtlich vor uns liegen, birgt der
Schatten Geheimnisse. Hier kommen
blaue Blüten- und Blattfarben besonders
gut zur Geltung. Weiße Blüten und weiß
gezeichnete Blätter hellen den Schatten
auf. Dazu tragen auch helle Wegbeläge
und große Glasfronten am Haus bei.
Rot, Orange und Hellgelb sind dort
richtig, wo sie mindestens stundenweise
vom wandernden Streiflicht erfasst
werden.

Farbigkeit reicht bis in
den Schatten, wenn
nur genügend Raum
geschaffen wird.

Farben und Formen
des Blattwerks können
auch als
„Alleinunterhalter"
auftreten.

Es ist eine verbreitete Praxis, durch Hecken oder Mauern getrennten Gartenräumen Farbthemen zuzuordnen. Diese Idee reicht bis in die Innenarchitektur des Barock zurück (Weißer Saal, Blaues Kabinett). Auch hier ist die Rolle der auszuwählenden Farben als Stimmungsträger wichtig. Rot, Blau und Gelb sind beliebte Farbthemen; dazu stehen Pflanzungen in gebrochenen violetten, lila- oder rosafarbenen Farbtönen in starkem Kontrast.

Einen besonderen Stellenwert nimmt das unbunte Weiß nicht nur im „Weißen Garten" ein. Wenn dominierende Farbeindrücke fehlen, dürfen die Formen der Blüten und des Blattwerks in den Vordergrund rücken. Die Vielfalt verschiedener Grüntöne – Hell- und Dunkelgrün, Grau- und Blaugrün – wird neben Weiß besonders deutlich. Darüber hinaus erhalten auch die Strukturpflanzen Bedeutung, zu denen viele Gräser gerechnet werden können. Farblich selbst eher unauffällig, steigern sie die Wirkung der farbigen Blumen und Gehölze. Vielfach von markanter Wuchsform, geben sie der Pflanzung Gerüst und Rhythmus und den Augen ein rasch ablesbares Ordnungsmuster. Immer wieder sind auch geschnittene, überschaubare Einfassungshecken wichtig. Sie schaffen den ordnenden Rahmen, innerhalb dessen es recht vielfältig zugehen darf.

Neben den Farbthemen für ganze Pflanzungen steht die Zuordnung von Farben zu einzelnen Pflanzen und Pflanzengruppen. Ziel ist hier, die Farbwirkung verschiedener Pflanzen durch die Wahl farblich gegensätzlicher Partner zu steigern. Kontraste zu setzen kann auch bedeuten, neben sorgfältig geplanten Farbkonzeptionen andere Pflanzungen zu haben, in denen Experimente mit Farben möglich sind. Wer die Regeln kennt, weiß um die Stellen, an denen sie wirkungsvoll durchbrochen werden können. Interessant ist, was „aus der Reihe tanzt". Deshalb Mut zur Farbe, nicht nur Gestaltung „à la carte"!

Farbengärten variieren jeweils dominante Farbtöne, hier „Rot, gemischt".

In diesem „Gelben Garten" schaffen unterscheidbare Farbenblöcke klare Strukturen.

„Weißer Garten":
Graulaubige Pflanzen
und ein graues Gitter
setzen wirkungs-
steigernde Akzente.

Was ist Farbe?

Die emotionale Kraft der Farben ist allgegenwärtig, auch wenn sie uns nicht immer erreicht. Mancher Tag erscheint sorgengrau. Dagegen sind die Gärten unserer Vorstellung stets paradiesische Orte. Wer einen Garten betritt, erwartet vielfältige Farben von Pflanzen, Blüten und Früchten; er registriert sie hier

Dieser fröhlich anmutenden, farbkräftigen Mischung kann sich kein Betrachter entziehen.

häufig bereitwilliger und offener als andernorts. Die Gestaltung von Gärten muss des-halb den bewussten Umgang mit Farben einschließen. Was ist Farbe?

Physikalisch-optische Farbwahrnehmung

Malfarben Vielleicht wird man zunächst an Anstriche für Wände, Zäune und Gartenmöbel denken, die aus einem Farbstoff (Pigment) und einem Bindemittel bestehen. Anfangs ausschließlich aus der Natur gewonnen, haben synthetisch hergestellte Farbstoffe die Palette dieser Malfarben wesentlich erweitert. Ihre Grund- oder Primärfarben sind Rot, Blau und Gelb. Die Mischung der Primärfarben führt zu den Sekundärfarben Orange (Rot + Gelb), Grün (Gelb + Blau) und Violett (Blau + Rot).

Körperfarben Nun sind Oberflächen auch ohne Anstrich farbig. Das sind die Körperfarben der Gegenstände und Organismen. Den materialeigenen Körperfarben stehen die **Licht- oder Spektralfarben** (Regenbogenfarben) gegenüber. Sonnenlicht ist eine Mischung elektromagnetischer Wellen unterschiedlicher Wellenlänge und Farbigkeit. Jede Wellenlänge im für Menschen sichtbaren Bereich (etwa 400 bis 700 Nanometer [nm]) ist mit einem bestimmten Farbeindruck verbunden. Prisma und Regenbogen machen die Farbanteile des Sonnenlichts als gefächertes Farbenband (Spektrum) sichtbar.

Die Grundfarben sind Rot, Grün und Blau. Sie entsprechen den drei Farbrezeptor-Typen („Zäpfchen") in der Netzhaut des menschlichen Auges. Obwohl spezielle Rezeptoren dafür fehlen, nehmen wir auch Gelb war. Dessen Energie regt Rot-

Zurückhaltende Farben wollen mit Muße und Aufmerksamkeit – etwa am Sitzplatz – entdeckt werden.

Ultraviolett   sichtbares Spektrum   Infrarot

400 nm   700 nm

Prisma und Regenbo-
gen machen die Farb-
zusammensetzung
des Sonnenlichts im
Spektrum sichtbar.

und Grünrezeptoren gleichmäßig an. Das Gehirn verrechnet die Wellenlängen von Rot (700 nm) und Grün (500 nm) zu einer mittleren Wellenlänge, also Gelb (580 nm) – so wie das Gelb im sichtbaren Spektrum zwischen Rot und Grün die Mitte hält. Entsprechend wird aus Rot und Grün, wenn beide gleichzeitig auf die Netzhaut treffen, die gemittelte Farbinformation „Gelb". Farben entstehen im Kopf! **(= additive Mischung der Lichtfarben).**

Auch Körperfarben versinken ohne Licht im Schwarz: Zunächst „verschluckt" (absorbiert) ein Gegenstand einen Teil des Lichts, das ihn trifft. Das zurückgeworfene (reflektierte), die Netzhaut des Auges erreichende Restlicht erzeugt die Farbempfindung, die der Wellenlänge des ankommenden Lichts entspricht. Eine Blüte erscheint rot, weil sie rotes Licht reflektiert und andere Lichtanteile (Komplementär- oder Gegenfarben) – in diesem Fall vor allem Blaugrün – absorbiert. Das übrig bleibende Farbspektrum wird als Farbe sichtbar **(= subtraktive Mischung der Körperfarben).** Blätter sind grün, weil sie mittlere (grüne) Wellenlängen sichtbar reflektieren. Die kurzen (blauen) und langen (roten) Wellenlängen bleiben unsichtbar, weil sie im Blatt für Stoffwechselvorgänge absorbiert werden.

Symbolische Farbwahrnehmung

Neben den Farben, die wir übereinstimmend wahrnehmen, steht die **Farbensymbolik.** Diese ist kulturell, insbesondere auch religiös geprägt und nicht einheitlich – deshalb auch nicht allgemein verständlich. Dieser Umstand erschwert den Umgang mit farbigen Symbolpflan-

zen im Garten. Farben stehen sinnbildlich für Daseins- und Bewusstseinsebenen. Verbreitet sind Stufenmodelle; etwa solche, in denen göttliche, mittlere (Gefühl, Intelligenz) und untere Ebenen (irdisches Handeln) unterschieden und mit bestimmten Farben belegt werden. Politische Anschauungen haben sich mit Farben umgeben, die über Ländergrenzen hinweg verstanden werden.

Rote Rose: weithin verstandenes Symbol der Liebe.

Rot als auffällige, häufig verwendete Signalfarbe.

„Signal"- oder „Ereignisbäume" verändern sich mit den Jahreszeiten deutlich: Felsenbirne (*Amelanchier lamarckii*) im Frühling.

Dieselbe Felsenbirne im Herbst.

Häufig weichen abstrakter Symbolgehalt und auffällige Signalwirkung auch bei gleichen Farben voneinander ab. Rot, als „rote Rose" Sinnbild der Liebe (Symbolfarbe), steht uns mit den „roten Zahlen" einer Bankbilanz als warnendes Signal vor Augen (Signal- oder Kennfarbe). Die Signalwirkung von Farben ist an ihre Leuchtkraft und Fernwirkung gebunden. Entsprechend spielen Rot, Orange und Gelb als Vermittler von Verboten und Hin-weisen auf das, was nicht übersehen werden darf, eine große Rolle (Feuerwehr). Das „Postgelb" war eines der ersten öffentlich verwendeten Farbsignale. Farbige Logos machen es leicht, weltweit die bevorzugte Bank oder eine beliebte Kaufhauskette wiederzuerkennen. In der Tierwelt sind Warn- und Tarnfarben überlebenswichtig. Gelbe Blütenfarben und -punkte („Saftmale") locken gelborientierte Insekten. Solche Signalfarben brauchen wir auch im Garten. Geeignete Pflanzen weisen auf bestimmte Situationen hin und lenken die Schritte der Gartenbesucher (Leitfarbe). Ein sich mit den Jahreszeiten verändernder „Signalbaum" (z.B. Rosskastanie, Zier-Apfel) markiert bestimmte saisonale Ereignisse durch seine auffälligen Blüten, Früchte oder Blätter. Das ist beispielsweise in einem Innenhof wichtig, in dem die Pflanzenauswahl aus Platzgründen beschränkt ist.

Über Farben reden

Häufig besteht der Wunsch, ein intensives Farberlebnis, etwa das aufregende Rot einer neuen Rosensorte, anderen mitzuteilen. Da wird zunächst nach einer überzeugenden, meist wortreichen Umschreibung gesucht. Gezieltes Nachlesen in Pflanzenkatalogen sowie Garten- und Pflanzenbüchern zeigt, wie schwierig es ist, für spezifische Farbtöne die treffenden Begriffe zu finden. So wird die Blütenfarbe des in feuchten Wiesen vorkommenden Sumpf-Storchschnabels (*Geranium palustre*) in verschiedenen Florenwerken und Bestimmungsbüchern als violett-karminrot, purpurrot oder hellpurpurn bezeichnet und die Blüte der an trockenen Wegrändern verbreiteten Acker-Witwenblume (*Knautia arvensis*) als hellviolett, blauviolett, blaulila, lila, blau-rötlich oder bläulich beschrieben. Neben den elementaren Hauptfarben Rot, Grün, Blau, Magenta, Gelb, Orange, Braun, Grau, Schwarz und Weiß ist das menschliche Auge in der Lage, über 100 000 Farbnuancen zu unterscheiden. Häufig fehlen jedoch die Worte, um sie eindeutig zu benennen. Oft müssen Vergleiche herhalten: Apfelgrün, Flaschengrün, Schilfgrün … – aber wie grün ist der Apfel nun? Rosenkataloge überbieten sich in fantasievollen und teilweise verwirrenden Farbbegriffen wie Salmrosa, Korallenrosa, Leuchtendreinrosa, Seidenrosa, Lachsrosa, Lavendelrosa, Lavendelfarben, Magentalila, Lilaviolett, Purpurviolettblau … Mehr als ungefähr kann man so nicht erfahren, welcher Farbton gemeint ist.

Tageszeit und Wetter – hier Nebel – verändern die Farbeindrücke der gleichen Pflanzung.

Im Hintergrund leuchtendes Gelb „schiebt" die gedämpften Farben nach vorne.

Neben der Nachbarschaft gegensätzlicher Farben tun **Tages- und Jahreszeiten** ihr Übriges, um Farben in einem anderen Licht erscheinen zu lassen. Die senkrecht einstrahlende sommerliche Mittagssonne nimmt vielen Farben die Leuchtkraft. Diese erstrahlen erst im schräg einfallenden Licht am Morgen und Abend. Die Abendsonne verstärkt in jeder Jahreszeit die Farben, auch die ohnehin leuchtenden Farbtöne. Die sogar den Dunst durchdringenden Rotanteile des Abendlichts lassen Rot, Purpur und Orange noch kräftiger erglühen.

An trüben Tagen „versinken" die Farben. Hier gilt es vorzusorgen: Helles Gelb, helles Blau, Silbergrau und Weiß demonstrieren gerade bei trüben Lichtverhältnissen ihre Leuchtkraft und reißen auch andere Farbtöne mit. Auf geneigten, gut sichtbaren Flächen sind diese „Aufheller" besonders wirksam. Auch Wasserflächen reflektieren und verstärken gedämpftes Licht gut.

Ähnlich der Winter, der bei bedecktem Himmel und tief stehender Sonne auch den wenigen Farben des Garteninteriers und einzelner blühender oder fruchtender Pflanzen die Wirkung entzieht. Entschädigung bieten die Tage, an denen Schnee oder Reif das Licht brechen und verstärken.

Die unterschiedlichen Wirkungsbedingungen erschweren eine überschaubare Ordnung der Farben. Die wird aber gebraucht, um über Farben reden und zielgerichtet mit ihnen umgehen zu können. Versuche, Farben zu ordnen, gibt es in unserem Kulturkreis seit über 2000 Jahren (ARISTOTELES). Nicht alle der seither entwickelten Farbmodelle berücksichtigen die drei Dimensionen, die jede Farbe kennzeichnen:

⟳ Der **Farbton** (auch „Buntton") meint die unterscheidbaren Farben selbst, außer dem (unbunten) Schwarz und Weiß.

⟳ Der **Tonwert** kennzeichnet die Helligkeit eines Farbtons, gemessen an Weiß (= 100%) und abhängig von der Beleuchtung und dem Reflexionsverhalten der beurteilten Farboberfläche.

Schwarz dunkelt Farben ab, Weiß hellt sie auf.

⟳ Die **Sättigung** (Reinheit, Buntgrad) eines Farbtons bestimmt die Intensität der Farbwirkung. Eine Farbe erscheint gesättigt, wenn ein bis zwei der drei Grundfarben im Spektrum (Blau, Grün, Rot) dominieren. Je geringer die Unterschiede, desto grauer und weniger gesättigt (trüber) erscheint die Farbe.

Zu den zweidimensionalen Farbmodellen gehören die **Farbkreise**; einer der ersten wurde von NEWTON (1704) vorgestellt.

Der Farbkreis zeigt, dass Blau in Rot oder Grün, aber nicht in Gelb übergehen kann. Rot kann entweder in Gelb oder in Blau übergehen, nicht aber in Grün. Daraus folgen die sich ausschließenden, aber wirkungsvolle Kontraste erzeugenden Gegenfarbpaare: Blau/Gelb und Rot/Grün. Das von ADOLF HÖLZEL (1904) auf der Grundlage des von GOETHE 1793 entwickelten Farbkreises erarbeitete Kreismodell bezog erstmals Cyan(-Blau) und Magenta (Pink) ein. Doch können verschiedene Tonwerte und Sättigungsstufen eines Farbtons im flächigen Farbkreis nicht untergebracht werden. Das gelingt nur mit räumlichen Modellen. Im Jahr 1810 stellte der Maler PHILIPP OTTO RUNGE seine einem Globus vergleichbare **Farbkugel** vor:

Ein zwölfteiliger Farbkreis bildet den Querschnitt der Kugel; die Hell/Dunkel-Stufen (Tonwerte) der dort plazierten Farben verlaufen an der Kugeloberfläche zwischen den beiden Polen Schwarz und Weiß. Die Sättigung der Farben nimmt

Zwölfteiliger Farbtonkreis, ein zweidimensionales Farbmodell

zum Inneren der Kugel ab und erreicht in ihrem Mittelpunkt Grau. Auch andere, hier nicht beschriebene Farbmodelle haben eines gemeinsam: Sie orientieren sich entweder an künstlerischen oder an naturwissenschaftlichen Bedürfnissen. Es ist schwierig, allgemeingültige Farbsysteme zu entwickeln.

Für die Praxis haben **Farbkarten** und **Farbatlanten** eine große Bedeutung, weil sie Farben – in der Regel durch Buchstaben und Zahlen – eindeutig benennen und damit die Grundlage für klare Farbinformationen liefern. So stellt das **„Natural Color System" (NCS)** mit 1700 in einem Farbatlas veröffentlichten Farben eine anwenderbezogene Standard-Farbnorm für Designer dar. Die Farbbenennungen in der Gartengestaltung haben eine eigene Geschichte, die möglicherweise mit den 1905 in Frankreich angefertigten Farbtafeln für Blüten begann (RENÉ OBERTHÜR). Ausgehend von Initiativen des Deutschen Werkbundes schuf im Jahr 1917 der Chemiker WILHELM OSTWALD Farbkarten. Für den Gartenbau war der „Pflanzenfarben-Atlas nach DIN 6164" (ERNST BIESALSKI) von 1957 brauchbarer. Mit 450 war er den mehr als 800 Farbtönen der „RHS Colour Charts" unterlegt (ROYAL HORTICULTURAL SOCIETY 1966). Auf fächerförmig entfaltbaren Pappkarten gedruckt, können die Farben in ihren Sättigungsstufen miteinander verglichen, benannt und mögliche Zusammenstellungen geprüft werden. Allerdings ist die Verwendung einer definierten Lichtquelle Voraussetzung. Zudem berücksichtigen die Farbkarten den Einfluss nicht, den unter-

Hilfsmittel für die Benennung der Farben: Farbkarten der RHS.

schiedlich reflektierende Blüten- oder Blattoberflächen auf die Wirkung von Farben haben. Die RHS-Farbkarten haben sich dennoch in Sichtungskommissionen, Ämtern für Sortenprüfung, bei Vereinen und Gartenarchitekten durchgesetzt, da sie die im Gartenbau anwenderfreundlichste Lösung darstellen.

Vor allem **Fotografien von Pflanzen** traut man die identische Farbwiedergabe von Blüten und Laubwerk zu, die der

Pflanzenanwender benötigt. Dennoch können auch hier einige Einflussfaktoren zu unbefriedigenden Ergebnissen führen. Dazu gehören die Beleuchtung bei der Aufnahme, die Farbempfindlichkeit von Sensoren und Filmen, die Weiterverarbeitung der Farbvorlagen und der Druck auf unterschiedlichen Papieren. Deshalb werden Farbkarten immer dann erste Wahl sein, wenn ein einheitlicher Farbmaßstab gefordert ist.

Farbkugel nach RUNGE: Auf der Oberfläche der Farbkugel können zwischen den beiden „Polen" Schwarz und Weiß Helligkeits- und Sättigungsstufen eines Farbtons dargestellt werden.

Wer Farbe braucht, mag zuerst an Blüten denken, aber bitte Blattwerk und Fruchtstände nicht vergessen!

Farbwirkungen

Pflanzen als Farbträger

Gut gewählte und geschickt platzierte Gehölze erzeugen Strukturen und Rhythmen, die den individuell nutzbaren und erlebnisreichen Garten ausmachen – selbst dann, wenn dieser „nur" grün sein sollte. Für die Funktion des Gartens eigentlich weniger wichtig, sind es trotzdem Farben, die den Blick zuerst auf sich ziehen: „Farbe bricht Form" ist ein verbreiteter Merksatz. Niemand kann sich der Wirkung von Farben entziehen; zudem bleibt das Auge unbefriedigt, wo Farben fehlen. Das überrascht nicht, denn knapp die Hälfte der für uns wichtigen Sinneseindrücke ist an Farben gekoppelt. Deshalb haben Gartenräume Farbideen ebenso nötig, wie umgekehrt Farbenvielfalt ordnende Strukturen verlangt. Erst verschiedene und gegensätzliche Farben machen Unterschiede deutlich, verändern Raumeindrücke und stellen spannende ästhetische Wechselbeziehungen her. Dass Farbwirkungen mit **Blüten** verbunden sind, gilt vorrangig für Rosen, Sommerblumen, Beetstauden und Blütenge-

hölze. Gelb, Blau bis Violett, Weiß- und Rottöne sind hier die bestimmenden Farben. Durch ihr **Herbstlaub,** farbige **Früchte** oder **Zweige** auffällige Gehölze verdienen nicht weniger Beachtung. Das vom gewohnten Grün abweichende Sommerlaub einiger Pflanzen – beispielsweise dunkelrot bei der Blut-Buche (*Fagus sylvatica* 'Atropunicea'), silbergrau bei der Ölweide (*Elaeagnus angustifolia*) oder gelb beim Eschen-Ahorn (*Acer negundo* 'Odessanum') – kann die Fernwirkung eines blühenden Schmuckbeetes übertreffen und gezielt in die Farbplanung einbezogen werden. Verschieden-

farbige bodendeckende Pflanzen werden gebraucht, um Vegetationsflächen zu gliedern und ornamentale Muster oder Figuren darzustellen.

Bestimmte Gattungen und Arten sind mit typischen Farben verbunden. Von Taglilien (*Hemerocallis*) darf man vieles erwarten, nur eben kein Blau. Rittersporn hat neben einigen weiß blühenden zahlreiche Sorten in Blautönen zu bieten – für Rot und Gelb muss man andere Pflanzen heranziehen. Häufig kommt es auf zeitgleiche oder sich ablösende Blühabläufe an, das erschwert die Suche.

Die Farbigkeit vorhandener Gehölze und Bauten vermittelt Anregungen für die Bepflanzung.

Hier wird das Farbthema „Gelb" bis in das Interieur ausgereizt.

Materialien als Farbträger

Blütenfarben sind vergänglich, die Farbnuancen immergrüner Blätter eingeschränkt. Die Farbigkeit baulicher Elemente aus Beton, Metall, Natursteinen oder Holz – zu denen auch Skulpturen, Rankgerüste, Pergolen sowie Gartenmöbel und Kleinarchitekturen gehören – ist stets gegenwärtig und fast beliebig wählbar. Deshalb ist das Garteninventar gut geeignet, um die Farben einzubringen, für die passende Pflanzen fehlen oder um bestimmte Akzente zu setzen.

Nichts wirkt kühler, frischer und zurückhaltender als ein nach Grün neigendes Blau (Türkis).

Garteninventar sollte jedoch nicht als „Lückenbüßer" eingesetzt werden, sondern um gewünschte Farbsignale lückenlos präsentieren oder Pflanzenfarben steigern zu können.

Die mit der Wahrnehmung verschiedener Farben ausgelösten Empfindungen, die Einfluss auf unser Denken, Fühlen und Handeln haben, sind – im Gegensatz

zu ihren nicht einheitlichen Symbolgehalten – bei vielen Menschen ganz ähnlich. Damit werden **Farberlebnisse** zielgerichtet planbar.

Die Begriffspaare aktiv/passiv, leicht/schwer, warm/kalt oder nah/weit sind mit der Wirkung unterschiedlicher Farben verbunden. Passiv und kühl erscheinen Blau, Blaugrün und Blauviolett. Sie

Rostrote Rebe (*Vitis coignetiae*) im Herbst: Warme und aktive Orangetöne.

Kräftige Farben im Vordergrund machen die mit wachsender Entfernung abnehmende Farbintensität (Luftperspektive) noch deutlicher und vertiefen den Raumeindruck.

rücken in den Hintergrund, lassen den Gartenraum tiefer erscheinen, als er wirklich ist **(Farbperspektive).** Auch durch Grau gedämpfte Farbtöne (Graugrün, Blaugrau ...) verbinden sich mit der Vorstellung größerer Entfernung, weil auch der Dunst die Leuchtkraft der Farben mit zunehmendem Abstand schwächt **(Luftperspektive).**

Entgegengesetzte Assoziationen rufen helle, warme, „aktive" Farben (Rot, Orange, Gelb) hervor, die der Luft- und Farbperspektive entgegen wirken und gemeinsam mit großblättrigen Pflanzen Entfernungen verkürzen und Gärten einengen (alles Große scheint näher).

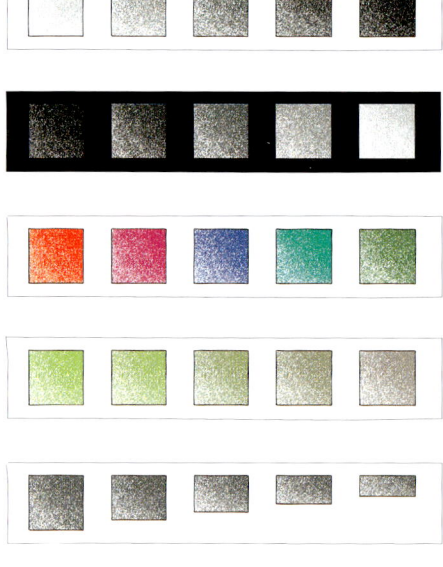

1. Leiste (oben): Auf hellem Grund erscheinen dunkle Farben näher. Die immer gleichen Abstände zwischen den Quadraten erscheinen verschieden groß.

2. Leiste: Auf dunklem Grund erscheinen helle Farben näher.

3. Leiste: Sind die Farben gleich hell, streben die warmen Farben nach vorn.

4. Leiste: Bei gleich hellen und gleich warmen Farben streben die gesättigten Farben nach vorn.

5. Leiste (unten): Je größer die Farbfläche, desto stärker tritt sie in den Vordergrund.

Häufig ist zu beobachten, dass identische Farben in Augenhöhe anders wirken als zu unseren Füßen. Eine kalkweiße Wand kann als Kontrast bietender Hintergrund für einen filigranen Fächer-Ahorn willkommen sein, ein weißer Bodenbelag dagegen macht unsicher, da er uns an Schnee und Eis erinnert.

GOETHE ordnete Farben bestimmte **„Lichtwerte"** zu:

Gelb (9)	Grün (6)
Orange (8)	Rot (6)
Blau (4)	Violett (3)

Leuchtkraft und Fernwirkung nehmen von Gelb nach Violett ab. Violett (3) kann sich nur dann neben Gelb (9) behaupten, wenn ihm der etwa dreifache Mengenanteil zugebilligt wird. Ausgewogene Mengenanteile dagegen kann man bei Farben gleicher Lichtwerte ansetzen, z.B. Rot : Grün = 1 : 1.

Auch wenn die Leuchtkraft von Gelb die von Blau oder Violett so deutlich übersteigt, kann dieser Eindruck durch den gestuften **Sättigungsgrad** der Farben korrigiert werden. So wird die Intensität von pigmentreichem und reinem Blau über der von schwach gesättigtem, nach Grau neigendem Rot liegen. Darüber hinaus bestimmt die unterschiedliche Dichte farbiger Blüten, Blätter, Triebe und Stämme die **Farbwirkung von Pflanzen.** Manche Beetpflanzen – wie Studenten-

blumen oder Begonien – blühen so dicht, dass sie keine Blätter mehr sehen lassen und geschlossene Farbflächen erzeugen. Zudem steigern glänzende, stärker reflektierende Blütenblätter oder Blattoberflächen die Farbwirkung. Die Leuchtkraft gelbblättriger Funkien (wie *Hosta* 'Sun Power') bleibt entsprechend hinter der goldgelb glänzender Hahnenfußblüten (wie *Ranunculus acris*) zurück.

Die individuelle Farbausprägung ist bei Pflanzen auch standort- und lichtabhängig. Bekannt sind die intensiven Blütenfarben vieler Pflanzen im Hochgebirge, die dem Einfluss der hier erhöhten UV-Strahlung zugeschrieben werden. Je nach **Tageszeit** und Bewölkung lässt das Sonnenlicht Farben anders erscheinen. Schwache Farben benötigen Licht um zu wirken, während intensiv gefärbte Blüten auch bei trübem **Wetter** noch genügend Leuchtkraft aufbringen. Daneben beeinflusst **Schatten** – der selbst farbig sein kann – die Intensität der Farben. In die Nähe schattierender Bäume rückend, werden die Farben der Pflanzungen um ihre Dunkelstufen bereichert: Mit abnehmendem Licht entsteht so eine „Schattenreihe". Gleichzeitig machen Farben benachbarter Pflanzen ihren Einfluss geltend, wobei oft der Wunsch besteht, die Intensität der Ausgangsfarbe durch geeignete Partner zu steigern.

Es kommt augenscheinlich nicht nur auf die Farben an sich an. Viel wichtiger

ist ihr zielgerichteter Einsatz, so dass der Garten mit seinen Räumen, Funktionen und Pflanzungen differenziert wahrgenommen werden kann. Das ist für jeden Besucher spürbar, der die Freude an diesem „Entdeckererlebnis" mitnimmt. Wer sein Wissen um die Wirkungen einzelner Farben vertieft hat, wird immer weniger bereit sein, willkürlich „bunte" Pflanzungen zu favorisieren.

Darüber hinaus kann es sehr persönliche, oft mit Erinnerungen verbundene Farberfahrungen und Farbwünsche geben. Die müssen erfragt werden. Nur wer seinen Garten selbst plant, wird sie instinktiv berücksichtigen. Vergleichsweise übereinstimmend ist wiederum die Palette der bevorzugten Farben, nämlich Blau vor Rot und Grün. Braun, Orange und Violett werden eher abgelehnt.

Unterschiedliche Sättigungsgrade eines Farbtons erlauben differenzierte Gestaltungen.

Lebendiges Rot

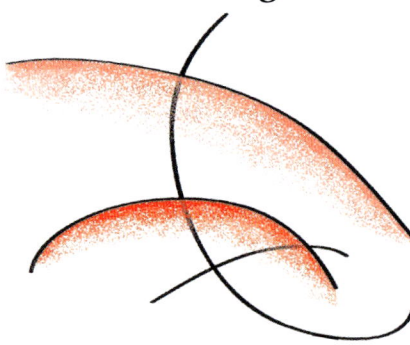

Rot wirkt stets offensiv.

Rot ist die Farbe der Würdenträger, der Leidenschaft und des Lebens; gelegentlich auch Sinnbild für Hass und Aggressivität. Rot ist nach dem Schwarz-Weiß-Kontrast der Farbeindruck, welcher am stärksten wahrgenommen wird. Deshalb ist Rot eine der wichtigsten, auf Gefahren oder Verbote hinweisenden Signalfarben. Massiv gruppiertes Rot ist meist schwer zu ertragen. Dagegen ist der Eindruck, wenn Rot sich mit dem Grün des Blattwerks paart, sehr angenehm, da sie sich als Komplementärfarben im Farbkreis gegenüber liegen.

Das rote Sommerlaub einiger Gehölz- und Staudensorten ergänzt das Farbspektrum der Blüten (Perückenstrauch, *Cotinus coggygria* 'Royal Purple').

Rote Pflanzen

Rot ist die Farbe der Rosen, begegnet uns sonst aber weniger in Blütenfarben, sondern in den Herbstfärbungen der Bäume und Sträucher – so hat auch der Feuer-Ahorn seinen Namen erhalten. Rote Blüten sind in tropischen Gegenden häufiger, wo auch „rotsichtige" Vögel und Fledermäuse als Blütenbestäuber agieren. Beispiele liefern einige nicht

Blattfärbung und Fruchtschmuck (hier: Alpen-Rose *Rosa pendulina* 'Mount Everest') tragen das Rot bis in den Herbst.

Rot durch den Winter: Triebe des Hartriegels *Cornus alba* 'Sibirica'.

frostharte Kübelpflanzen wie Korallen-
sträucher (*Erythrina*) sowie Sommerblumen wie Pracht-Salbei (*Salvia splendens*)
und Dahlien (*Dahlia*).

Um so wichtiger werden die wenigen
rot blühenden Stauden, z.B. Brennende
Liebe (*Lychnis chalcedonica*), Indianer-
nesseln (*Monarda*), Taglilien (*Hemerocallis*), Sonnenbraut (*Helenium*), Türkischer
Mohn (*Papaver orientale*), zudem Gehölze
und Stauden mit dunkelrotem Sommerlaub wie die Blut-Buche oder der Perückenstrauch (*Cotinus coggygria* 'Royal Purple').
Einige Sträucher entwickeln rote Früchte
(Berberitze, Schneeball, Wildrosen), da
sie auf die Verbreitung durch Vögel
eingerichtet sind. Im Winter fallen die
korallenroten Triebe des Sibirischen
Hartriegels (*Cornus alba* 'Sibirica') auf.

Rote Materialien

Roter Buntsandstein kann – als Platten-
belag, Mauer, Stele oder Kubus – das
Farbthema „Rot" komplettieren. Porphyr-
splitt ist ebenfalls rot und als Deckschicht bei Schotterwegen verbreitet.
Das Sortiment roter Natursteine wird
durch Sandsteine aus der geologischen
Formation des „Rotliegenden" und verschiedene Granite ergänzt.

Tröstliches Grün

Grün ist die allgegenwärtige Farbe der
Vegetation: Sie steht für Natur, Frühling,
Hoffnung und Gesundheit. Grün bildet
mit einer mittleren Wellenlänge zugleich
das Zentrum des sichtbaren Farben-
spektrums. Diese Umstände mögen die
entspannende, versöhnliche Wirkung des
Grüns erklären. Zur Ruhe innerhalb von
Vegetationsbildern trägt die Kontinuität
ganzjährig grüner Rasenflächen und
immergrüner Pflanzen wesentlich bei.
Dabei sind Unterschiede wahrnehmbar,
immerhin lassen sich an Pflanzen mehr
als hundert Grünstufen beobachten:
Gelbgrün (Maigrün) – anregend, heiter
und harmlos – tritt deutlicher in Erschei-
nung als Olivgrün. Dieses enthält neben
Grün und Gelb auch Schwarz, tendiert
deshalb zu Braun. Ganz im Gegensatz zu
Gelbgrün scheint Blaugrün kühl und

Der Kontrast zwischen
hellgrünen Frucht-
ständen und Blättern
in dunklerem Grün ist
schwach, dennoch
deutlich genug (Klee-
ulme, *Ptelea trifoliata*).

distanziert. Am dunkelsten, ernst und erhaben wirkenden „Tannengrün" sind sowohl Blau als auch Schwarz beteiligt. Während dunkles Grün den Blick festhaltende Grenzen setzt, weitet ein helles und „leichtes" Grün Räume auf.

Grüne Pflanzen

Blattgrün ist in den meisten Pflanzungen „gratis" vorhanden und geht mit den Blütenfarben unterschiedliche Beziehungen ein. So wirkt Grün zusammen mit Blau und Weiß ausgesprochen frisch. Grüne Schnitthecken werden oft als wirkungssteigernder Hintergrund für farbige Schmuckpflanzungen eingesetzt. Grün kann ebenso als Abstandhalter zwischen schlecht zusammen verwendbaren Farben oder unverträglichen Farbgruppierungen vermitteln. Grüne Blüten sind eher die Ausnahme. Gelbgrün und einjährig sind der Zier-Tabak (*Nicotiana* 'Lime Green') und die Zinnien-Sorte 'Envy'. Die ausdauernden Stauden Engelwurz (*Angelica archangelica*) und Nies-

Hellgrüne Belaubung

Eschen-Ahorn *Acer negundo*
Tulpenbaum *Liriodendron tulipifera*
Birke *Betula pendula*
Mammutbaum *Metasequoia glyptostroboides*
Hainbuche *Carpinus betulus*
Robinie *Robinia pseudoacacia*
Trompetenbaum *Catalpa bignonioides*
Ginkgo *Ginkgo biloba*

Mittelgrüne Belaubung

Rosskastanie *Aesculus hippocastanum*
Esche *Fraxinus excelsior*
Götterbaum *Ailanthus altissima*
Walnuss *Juglans regia*
Haselstrauch *Corylus avellana*
Vogel-Kirsche *Prunus avium*
Baumhasel *Corylus colurna*
Eberesche *Sorbus aucuparia*

Dunkelgrüne Belaubung

Feld-Ahorn *Acer campestre*
Schwarz-Erle *Alnus glutinosa*
Spitz-Ahorn *Acer platanoides*
Stiel-Eiche *Quercus robur*
Berg-Ahorn *Acer pseudoplatanus*
Rhododendron *Rh. × catawbiense*
Rote Kastanie *Aesculus × carnea*
Holländische Linde *Tilia × vulgaris*

Dunkelste, schwarzgrüne Belaubung:

Weißdorn *Crataegus × lavallei*
Zerr-Eiche *Quercus cerris*
Schwarz-Kiefer *Pinus nigra*
Eibe *Taxus baccata*

wurz (*Helleborus foetidus*) sind beide hellgrün, ebenso die skurril zerzauste Rose *Rosa chinensis* 'Viridiflora'. Im Winter leuchten die gelbgrünen Zweige der Hartriegel-Sorte *Cornus sericea* 'Flaviramea'.

Der Austrieb der meisten Laubgehölze zeigt ein helleres, das Spätsommerblatt aufgrund von Stoffwechselvorgängen ein dunkleres Grün. Kräftige Blütenfarben wirken neben hellem Gelbgrün (Maigrün) noch stärker. Wer auf eine artenreiche Staudenfläche blickt, sieht hier häufig zahlreiche Grünstufen nahe beieinander. Diese können zwischen Extremen liegen, welche von hellem Gelbgrün eines blühenden Frauenmantels (*Alchemilla*) bis hin zum düsteren Schwarz- oder Tannengrün einer Wolfsmilch (*Euphorbia robbiae*) reichen.

Weiße Skulpturen, Gartenmöbel und Blüten steigern die Wirkung unterschiedlicher Grüntöne und Formen des Blattwerks.

Weithin sichtbar, erzeugt reflektierendes Grün durch glänzende Blattoberflächen im Sonnenlicht glitzernde Punkte, die das Umfeld „aktivieren", etwa das der Steinweichsel (*Prunus mahaleb*), Lorbeer-Weide (*Salix pentandra*), Zwergmispel (*Cotoneaster dammeri*) oder des Zier-Weins (*Parthenocissus tricuspidata*). Dieser Effekt kann kleinen Gärten und Sitzplätzen die Ruhe rauben, jedoch anderenorts erwünscht sein.

Grüne Materialien

Grüne Werkstoffe sind eher selten, sofern man die formgeschnittenen Hecken mit Architekturcharakter nicht mit einrechnet. Deshalb spielen Anstriche für Gartenmöbel und Gebäude – vielleicht auch Holzpfähle und Flechtzäune – eine große Rolle, wobei ein „kühles" Grün mit Blauanteilen ebenso wie ein ähnlich zurückhaltendes Graugrün gut mit der Vegetation harmoniert. Rohglasblöcke und grün getönte Glasscheiben kommen in niedrigen Pflanzungen gut zur Geltung. Nur wenige Sandsteine sind grün; Diabas ist in seinen grünen Farbvariationen sehr viel härter und wird entsprechend häufiger verwendet. Neben größeren Diabasblöcken kann Schotter (zur sparsamen Ergänzung mit farblich entsprechender oder gegensätzlicher Vegetation) oder Steinmehl (als Deckschicht von Schotterwegen) eingesetzt werden.

Unendliches Blau

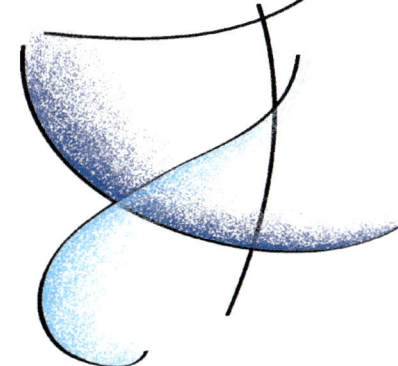

Unserer Seherfahrung entsprechend werten wir Blau als Farbe der Weite, so wie ferne Gebirgszüge, Wälder und der Himmel blau aussehen („Farbperspektive"). In Nachbarschaft von Weiß rückt es wieder etwas näher heran. Es ist also ein Unterschied, ob man blauen Rittersporn allein oder gemeinsam mit weißen Sorten verwendet. Ganz im Gegensatz zu an- und aufregendem Rot wirkt Blau entspannend und beruhigend – wie der Blick in eine mit wachsender Entfernung verblauende Landschaft, die Bewegungen nicht mehr erkennen lässt. Blau zu mögen setzt die Bereitschaft voraus, sich auf eine Pause einzulassen. Kühles Blau weckt Sehnsüchte und Träume, steht für eine gleichbleibende Verlässlichkeit, die Vertrauen herstellt. Der genaue und stärkste Gegensatz zu Blau ist herandrängendes Gelb.

Tief und unergründlich: Blau (Blaustern, *Scilla siberica*).

Immerhin sind die für das Hell-Dunkel-Sehen verantwortlichen Rezeptoren der Netzhaut („Stäbchen") für Blau noch so empfindlich, dass uns Blau in der Dämmerung auffallend hell erscheint („Blaue Stunde"). Auch im Baumschatten wirkt Blau noch kühler und tiefer als gewohnt. Das dem Blau benachbarte, ins Grün spielende **Türkis** gilt als kälteste, am meisten auf Distanz gehende Farbe. Ebenso zwischen Blau und Grün liegend, weist **Cyan** im Vergleich zu Türkis den höheren Blauanteil auf. Himmel, Wasser und Eis können Cyanblau sein.

Funkien (*Hosta*) sind – neben einigen Gräsern – die markantesten Vertreter blauen Blattwerks.

Die Verlässlichkeit von Blau wird durch die klare vertikale Blütenstandstruktur des Rittersporns unterstrichen.

Blaue Pflanzen

Zu den wenigen türkis blühenden Pflanzen gehören einige selten kultivierte, anspruchsvolle Scheinmohn-Arten der Gattung *Meconopsis*. Cyanblau blühen einige Hortensien und die Kornblume, wie auch der botanische Artname verrät: *Centaurea cyanus*.

Blüten von Rittersporn, Salbei-Arten wie *Salvia nemorosa*, daneben großblütig und tiefblau die nicht frostharte *Salvia patens*, Schwertlilien (*Iris*) und Herbst-Astern halten mit verschiedenen Sorten zahlreiche Blautöne bereit. Das intensive Blaugrau einiger Gräser, etwa Blaustrahlhafer (*Helictotrichon sempervirens*), Rutenhirse (*Panicum virgatum* 'Heavy Metal') oder Blau-Schwingel (*Festuca*

cinerea), ist über die gesamte Vegetationszeit zu sehen. Die großen Blaublatt-Funkien (*Hosta* 'Big Daddy' und *Hosta sieboldiana* 'Elegans') sind für Sonne und Schatten geeignet. Sie können in größeren Mengen wie Wasserflächen wirken, die das Himmelsblau spiegeln.

Blaue Materialien

Regennasse Basalte und Schiefer sehen manchmal (schwarz)blau aus; wer deutliche Akzente setzen möchte, greift zu blauem Glasgranulat (für Flächen) oder blau eingefärbten Glaskugeln. Blaue Anstriche für Gartenmöbel oder Kleinarchitekturen passen am besten zur Vegetation, wenn sie zu Grün oder Grau tendieren.

Rätselhaftes Magenta

„Pink" ist ein „normales" Magenta und zugleich ein unübersehbar grelles Purpurrosa (Lichtnelke, *Lychnis coronaria*).

Als Lichtfarbe wird Magenta keiner eindeutigen Wellenlänge, vielmehr einer Farbengruppe mit einem variablen Wellenlängengemisch von Blau und Rot zugeordnet. Dementsprechend wirkt es deutlich „kühler" als Rot. Magenta ist weder im Farbspektrum des Regenbogens zu finden, noch durch einen natürlichen Farbstoff vertreten. Es gibt jedoch viele Blüten, die diesen Farbeindruck optisch vermitteln. Im synthetischen „Anilinrot" ist Magenta als Grundfarbe der Druckindustrie unentbehrlich. Da die Bezeichnung Magenta keine einzelne Farbe, sondern eine Farbengruppe beschreibt, ist es nicht verwunderlich, dass sie im normalen Sprachgebrauch nicht oft verwendet wird. Gebräuchlicher sind Na-

mensgebungen für die verschiedenen Blau-Rot-Mischfarben Pink, Rosa, Purpur, Violett und Lila. Aber diese sind durch so zahlreiche Übergänge verbunden, dass eine klare Trennung kaum möglich scheint. Farbbeschreibungen für ein und dieselbe Pflanzen können entsprechend voneinander abweichen.

Einige Malven (hier *Lavatera trimestris*) blühen „mauve" (malvenfarbig!), eigentlich ein Magenta mit Blaustich.

Rosa ist ein schwach gesättigtes Rot ohne Blauanteile. Rosen sind die klassischen Vertreter (hier 'Esmeralda').

Magentafarbene Pflanzen

Im Sprachgebrauch gilt Magenta als **Pink**, womit ein grelles, nach Violett neigendes Rosa gemeint ist. Ein Magenta mit Blaustich wird dagegen als **Purpur** bezeichnet. Pink wird durch einige Malven (wie *Lavatera* 'Kew Rose', 'Pink Frills') verkörpert, daher auch die Bezeichnung **Mauve** („malvenfarbig"). Magenta in Reinform zeigt auch die in allen tropischen Ländern anzutreffende Wildform von *Bougainvillea spectabilis* mit ihren farbigen Hochblättern der Blütenstände. Die in getrennten Abschnitten weiß und magenta gefärbten Blätter des kletternden Kolomikta-Strahlengriffels (*Actinidia kolomikta*) wirken überaus attraktiv.

Magenta wird einerseits mit Idealismus, Engagement und Ordnung verbunden, durch Attribute wie Arroganz und Herrschsucht werden gleichzeitig negative Farbassoziationen geweckt. Im Gegensatz zu Rosa kann Magenta äußerst effektvoll neben hellem Gelb und Orange verwendet werden.

Rosa – eigentlich ein schwach gesättigtes Rot – gehört zur Magenta-Gruppe, obwohl es kein Blau enthält. Zu Gelb neigend, wirkt es wärmer und wird dann gern als „Lachsrosa" bezeichnet. Rosa vermittelt zwischen kalten und warmen Farben; zwischen Rot und Weiß, zwischen Blau und Weiß, Blau und Violett. Nachbarschaften mit Orange sind schwierig, wenn auch derzeit nicht minder modern. Rosafarbene Blüten – durch

„Schwankend" zwischen Rot und Blau steht Violett, hier zur Kugel diszipliniert (Kugel-Lauch, *Allium* 'Globemaster').

zahlreiche Rosensorten vertreten – erzeugen einen zarten und romantischen Eindruck, der durch die kleinen Blüten des Schleierkrauts und das feingliedrige Blattwerk des Schmuckkörbchens (*Cosmos bipinnatus*) gesteigert werden kann.

(Dunkles) **Violett** ist ein „Rötlichblau", das sich – in der Mitte zwischen Rot und Blau – schwer und prachtvoll darstellt. Gleichzeitig vereinigt das Violett Leidenschaft („männliches" Rot) und beständige Geduld („weibliches" Blau). Düster, zwielichtig und geheimnisvoll, trägt die Wirkung von Violett nicht über große Entfernungen. Große Einzelblüten wie bei *Clematis* oder geschlossene Farbflächen verbessern ebenso wie Weiß und Gelb in der Nachbarschaft die Fernwirkung von Violett wesentlich. Ungleich leichter ist **Lila,** ein nur wenig gesättigtes Rötlichblau, das als hellviolette oder fliederfarbene Blüten Wildflieder, Rosensorten und Akanthus (*Acanthus*) schmückt. Ganz anders als Violett wirkt Lila schwächlich und zart und wird daher leicht übersehen. Abhilfe schaffen Nachbarpflanzen in einem verträglichen, nicht erdrückenden Gelbgrün.

Magentafarbige Materialien

Da Gelb und Orange – gegebenenfalls durch Weiß aufgefrischt – in Nachbarschaft von Magenta zur Hochform auflaufen, sind entsprechend gefärbte Werkstoffe willkommen. Dank ihrer Dauerhaftigkeit ergänzen sie magen-

tafarbige Blüten, die meist nur kurze Zeit vorhanden sind. So können Hölzer, Bleche und Mauern einen Anstrich erhalten. Eingefärbte, hochfeste Spezialgläser sind Ausgangsmaterial für komplexere, auch dreidimensionale Installationen.

Es ist schwierig, Magenta allein mit Pflanzen zu thematisieren. Hier geben eingefärbte Spezialgläser Unterstützung. Gleichzeitig vertikale Akzente setzend, strukturieren sie die Pflanzung.

Leuchtendes Gelb

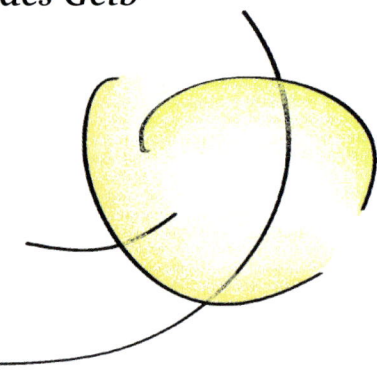

Gelb ist die hellste und leuchtkräftigste aller Farben. Auch wenn Rot in der Nähe mehr Gewicht hat, wird Gelb über größere Entfernungen hinweg wahrgenommen. Gelb lässt an Sonne, Sommer, Sonnenblumen und reifendes Getreide denken; es assoziiert Leichtigkeit und Lebensfreude. „Goldgelb" ist glänzendes Gelb und steht für Prunk und Eitelkeit. Negative Bezüge zu Geiz und Neid (jemand wird „gelb vor Neid") sind eher untergeordnet.

Gelbes Sommerlaub ist eher selten, herrscht aber bei den Herbstfarben vor (hier Spitz-Ahorn, *Acer platanoides*).

Gelb: Taglilienblüten (*Hemerocallis* 'Green Flutter').

Viele Zier-Äpfel (hier *Malus* 'Butterball') tragen gelbe Früchte.

Zusammen mit Grau und Weiß verleiht helles Gelb Pflanzungen eine ausgesprochen leichte Note.

Gelbe Pflanzen

Gelbe Blütenfarben sind verbreitet – viele der blütenbesuchenden Insekten haben sich in unseren Breiten daran angepasst und reagieren auf Gelb, nicht auf Rot. Gelbblüher kommen häufig auf Brachflächen und in verwildernden Gärten vor, beispielsweise Königskerze, Nachtkerze, Goldrute, Kreuzkraut oder Löwenzahn. Deshalb halten manche Gartenplaner Gelb für zu gewöhnlich und aus ihren Pflanzungen ganz heraus. Tatsächlich erscheint es oft sinnvoll, intensives Gelb aufgrund seiner unübersehbaren Wirkung eher sparsam zu verwenden. Wer Gelb thematisieren will, greift gern auf das verträglichere Gelbgrün zurück, z.B. das des Frauenmantels (*Alchemilla mollis*), der Steppen-Wolfsmilch (*Euphorbia seguieriana*) oder den Farbton der schirmförmigen Dillblüten (*Anethum graveolens*). Die Wirkung gelbblättriger Pflanzen reicht über die Blütezeiten hinaus; allerdings vergrünen einige nach dem Austrieb im Laufe des Sommers. Typische Beispiele sind die gelbblättrigen Sorten von Robinie (*Robinia pseudoacacia* 'Frisia') und Eschenblättrigem Ahorn (*Acer negundo* 'Odessanum'). Wer gelbblättrige Stauden sucht, denkt zunächst an Funkien (*Hosta*). Die imposante, großblättrige 'Sum and Substance' in Gelbgrün

wächst in Sonne und Schatten. Gelbe Früchte sind für Sorten von Zier-Äpfeln (z.B. 'Butterball') und Feuerdorn (*Pyracantha coccinea*) typisch.

Gelbe Materialien

Unter den Natursteinen sind es vor allem Sandsteine, die gelbliche Farbtöne aufweisen. Diese können als Plattenbeläge eingesetzt oder in Mauern verbaut werden. Einige Steinbrüche liefern gelblichen Kalkstein oder den zu Ocker tendierenden Travertin. Ansonsten müssen Anstriche, gelb eingefärbter Beton oder Kunststoff herhalten. „Künstliche" Materialien haben Auswirkungen auf das Thema der Pflanzung und bedürfen besonders sorgfältiger Pflanzenauswahl. Die dazugestellten Pflanzen können im Charakter ähnlich artifiziell sein, etwa architektonisch wirkende Palmlilien (*Yucca*) und Agaven, oder eine gegensätzliche und wildhafte Ausstrahlung haben, beispielsweise eine gelbe Blumenwiese.

Feuriges Orange

Orange entsteht aus grünem Licht zusammen mit Rot, welches die überwiegenden Anteile stellt. „Scharlachrot" ist nur eine der vielen Bezeichnungen für Orange. Unwillkürlich bestehen Assoziationen zu Feuer und Südfrüchten, Energie und Aktivität. Seine Leuchtkraft beschert Orange die häufige Verwendung als Warnfarbe und zugleich den Vorwurf der Aufdringlichkeit. Es scheint in Richtung des Betrachters zu rücken und Räume zu verkleinern, darin ist es dem Gelb ähnlich. Wegen der miteinander konkurrierenden Leuchtkraft ist die direkte Nachbarschaft zu Rot schwierig. Effektvolle Partner sind Blau, Grau, Gelb, Magenta (!), Violett, Grün und Braun.

Orangefarbene Pflanzen

Beim Vergleich orangefarbiger Blüten (siehe Tabelle Seite 32) fällt auf, dass die meisten zu fremdländischen, wärmelie-

Hier gehen Orange, Pink und Gelbgrün eine fröhlich-offensive Verbindung ein.

benden Pflanzen gehören. Ein für die Wintermonate ungewöhnlicher Anblick sind die orange leuchtenden Triebe der Hartriegel-Sorte *Cornus sanguinea* 'Magic Flame'.

Orangefarbene Materialien

Glänzendes, besonders leuchtkräftiges Orange erhält man durch Anstriche. Geeignete Untergründe sind Holz, Metall, Beton und Putz. Eingefärbtes Glas bietet den Reiz der Transparenz und wirkt in Verbindung mit ähnlich lichten, aber linearen Gräserhalmen reizvoll. Natürliche Werkstoffe glänzen gewöhnlich nicht und tendieren zu Rotbraun, das mit Orange eng verwandt ist. Mit etwas Glück gelingt es, Lavatuff in orangefarbenen Tönen zu beschaffen. Die ansprechende Verwendung des klumpigen Materials bedarf besonderer Ideen, die bis zur Installation an Stahlträgern reichen können. Bei Roststahl (Cortenstahl) – verwendbar in Form freistehender Bleche, Kuben, Stelen oder als Alternative zu Terrassenmauern – überwiegt das Rotbraun.

Einjährige Sommerblumen

Blumenrohr *Canna indica* in Sorten
Ringelblume *Calendula officinalis*
Schmuckkörbchen *Cosmos*
  sulphureus
Dahlien *Dahlia* in Sorten
Goldmohn *Eschscholtzia californica*
Mexikanische Sonnenblume
  Tithonia rotundifolia
Kapuzinerkresse *Tropaeolum*
  majus

Ausdauernde Stauden

Kaiserkrone *Fritillaria imperialis*
Nelkenwurz *Geum coccineum*
  'Borisii'
Fackellilie *Kniphofia*
Feuerlilie *Lilium bulbiferum*
Tulpe *Tulipa*-Arten und -Sorten

Gehölze

Rosensorten z.B. 'Bernstein Rose',
  'Amber Queen', 'Aprikola'
Hartriegel *Cornus sanguinea*
  'Magic Flame'

Unter den herbstlichen Laubfarben wird leuchtendes Orangerot am meisten bewundert (Essigbaum, *Rhus hirta*).

Sattes Braun

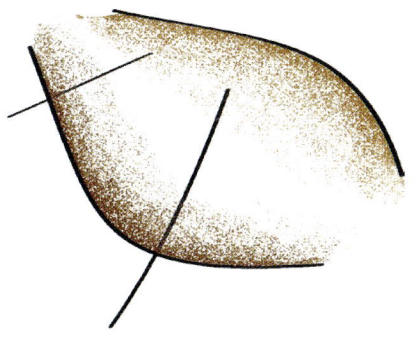

Orange Anstriche, durch Schwarz abgedunkelt, ergeben Braunschattierungen; ebenso orangegelbe bis orangerote Lichtwellen, die an Oberflächen reflektiert und gleichzeitig getrübt werden. Der Vergleich zu Erde, braunem Herbstlaub, Leder, Holz, Rost, Ton, Kaffee, Nüssen oder auch Schokolade drängt sich auf. Diese Farbnuancen stehen für Bodenständigkeit, satte Behaglichkeit, Sicherheit und sind stets auch mit einem Potenzial an Bequemlichkeit und Faulheit verbunden. Helles Grau oder Weiß in der Nachbarschaft lassen das Braun schlicht, aber vornehm wirken.

Rot, Orangerot, Gelb und Orangegelb sind gute Partner, denn sie aktivieren diese im Braun versteckten Farbtöne.

Pflanzungen sind auch in Brauntönen machbar und strahlen eine satte Behaglichkeit aus.

Die Stämme des Zimt-Ahorns (*Acer griseum*) zeigen ein warmes, glanzloses Rotbraun, das in Rot-, Gelb- und Brauntönen angrenzender Pflanzungen und Bodenbeläge (Klinker) fortgesetzt werden kann.

Braune Pflanzen

Braune Blüten sind rar; hier einige Beispiele: Fetthenne (*Sedum telephium* 'Herbstfreude'), Sorten von Winter-Astern (*Aster*), Sonnenbraut (*Helenium*), Rutenhirse (*Panicum virgatum*), Taglilien (*Hemerocallis*), Schwertlilien (*Iris* 'Wild Ginger' und 'Autumn Leaves'). Die Blüten eines einjährig gezogenen Schmuckkörbchens haben die Farbe von Schokolade und duften auch so („Chocolate Plant", *Cosmos atrosanguineus*). Glänzendes „Kastanienbraun" wird im Vergleich zu glanzlosem Braun meist bevorzugt – zumindest was die Haarmode angeht. Warmes, gesättigtes Rotbraun muss klar von dem fahlen Graubraun abgestorbener Blätter unterschieden werden. Prägnante Pflanzenformen und Fruchtstände lassen über trübe Brauntöne hinwegsehen. Viele Gräser und andere, auch im Winter standfeste und gerüstbildende Stauden liefern dafür gute Beispiele.

Braun ist eine Farbe zum Ausruhen und wenig geeignet, um Frühlingsimpressionen zu erzeugen – zumal sie bei Gartenpflanzen eher im Herbst auftritt. Die winterliche Vegetation wird von Braun beherrscht, dazu bieten Immergrüne gemeinsam mit dem Grün kurzgeschorener Rasenflächen einen wohltuenden Kontrast. Ausnahmen sind einige ganzjährig braune Gräser, etwa die rotbraune Fuchsrote Segge (*Carex buchananii*), die goldbraune Petries Segge (*Carex petriei*) oder die Buchen-Sorte *Fagus sylvatica* 'Purpurea Latifolia' mit schwarzbraunem Sommerlaub. Sorten des Purpurglöckchens (*Heuchera*) wie 'Rachael' und 'Caramel' haben braun getönte Blätter; an sonnig-trockenen Plätzen bildet die Fetthennen-Sorte *Sedum album* 'Murale' niedrige braune Teppiche. Der Zwerg-Lebensbaum (*Microbiota decussata*) nimmt während des Winters eine rotbraune Färbung an.

Ungewöhnlich sind auch die rotbraune, sich abrollende Rinde des Zimt-Ahorns (*Acer griseum*) oder die kupferrote, schimmernde Rinde der Amur-Traubenkirsche (*Prunus maackii*).

Braune Materialien

Bestimmte Stahlsorten mit korrodierender, rostbrauner Oberfläche (Roststahl, Cortenstahl) sind in Gemeinschaft mit farblich passenden Pflanzen wichtige Gestaltungsmittel im Freiraum. Das gilt ebenso für einige Natursteine, etwa den ockerbraunen, porigen Travertin (Tuffkalk, gesägt oder gebrochen als Wegebelag möglich) oder Jura- und Muschelkalke, die teilweise in braunen Tönen verfügbar sind. Quaderförmige Drahtgitterkörbe (Gabionen) werden mit gebrochenem Gestein geeigneter Färbung befüllt und schrittweise zu freistehenden oder Stützmauern zusammengefügt. Braune Hölzer sind ein wichtiges Baumaterial für Gartenpavillons, Pergolen, Rankgerüste und Sichtschutzwände. Braune, erdverbundene Beläge vermitteln Trittsicherheit und passen zu vielen Pflanzenfarben. Holzbeläge und -treppen sind nur dann trittsicher, wenn sie eine geriffelte Oberfläche erhalten und schnell abtrocknen können. Rindenmulch ist der passende Wegebelag für Schattengärten. Für Pflasterbeläge und Gartenmauern stehen auch die frostsicheren Klinkerziegel zur Verfügung. Terrakotta-Gefäße erweitern die Palette der braunen Farbtöne.

Schwarz wie die Nacht

Schwarz entsteht bei völliger Abwesenheit von Farbe. Dinge, die dem Licht alle sichtbaren Wellenlängen entziehen, erscheinen schwarz. Nacht, Weltall, Kohle und Kaffee sind spontane Assoziationen. Schwarz ist ein doppeldeutiges Symbol, das für feierliche Anlässe, Würde und Unnahbarkeit steht, aber an anderer Stelle das Negative und Böse verkörpert. Starke Kontraste entstehen mit Weiß und Rot oder Gelb. Schwarz fällt erst in weißer Umgebung richtig auf: In verschneiter Landschaft wirken selbst Stämme und Zweige schwarz, obwohl sie eigentlich dunkelbraun oder -grau sind.

Hier ist der Bodenbelag unentbehrlich, um das Farbthema „Schwarz" überzeugend darzustellen.

Das, was aus der Ferne Schwarz erscheint, entpuppt sich in der Nähe als extrem dunkles Rot (*Tulipa* 'Queeen of Night').

Schwarze Pflanzen

Wenige Pflanzen wirken durch hochgradig konzentrierte dunkelrote bis dunkelviolette Farbstoffe (fast) schwarz. „Schwarze" Tulpen- und Rosensorten sind begehrte Besonderheiten unter Pflanzenliebhabern. Der Schlangenbart (*Ophiopogon planiscapus* 'Nigrescens'), ein Liliengewächs mit grasig schmalen Blättern, bildet niedrige Teppiche, die ganzjährig schwarz erscheinen. Schwarz begegnet uns häufiger bei Früchten (Liguster, Efeu, Kreuzdorn). Im Winter sind die unbelaubten, nahezu schwarzen Zweige von Eichen, Schlehen, Weißdorn und Hartriegel (*Cornus alba* 'Kesselringii') auffällig.

Schwarze Materialien

Für die Gestaltung im Garten stehen einige grauschwarze bis schwarz schimmernde Natursteine zur Verfügung. Der dünnplattige Schiefer ist ein ideales Baumaterial für „trocken", also ohne Mörtel errichtete und in den Fugen bepflanzbare Mauern. Mehr oder weniger senkrecht nebeneinander gestellte, aus dem Boden „wachsende" Schieferplatten lassen sich in den mit Boden verfüllten Zwischenräumen im „Sandwichprinzip" eindrucksvoll bepflanzen. Schieferbeläge wirken meist recht düster, sofern nicht größere Pflanzeninseln integriert werden. Basalt ist in wuchtigen Blöcken, als Schotterbeet oder Wegepflaster ebenso einsetzbar wie zur Befüllung leicht wirkender Gabionen (quaderförmige Drahtgitterkörbe). Durch eine besondere Wärmebehandlung schwarz verfärbtes, wetter- und schädlingsfestes Holz ist als „Thermoholz" im Handel und kann für Pergolen und Rankgerüste interessant sein.

Die helleren Farbtöne in der Umgebung lassen die dunkle *Iris* (fast) schwarz wirken.

Weiß wie Schnee

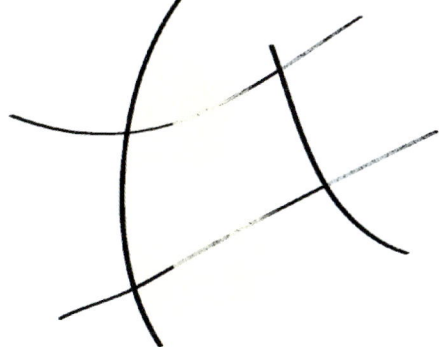

Weiß ist wie Schnee, Kälte, Papier, Wäsche, Reinheit, Frische und Frieden. Es ist der „gute" Gegensatz zum „bösen" Schwarz. Als „steriles" Weiß kann es jedoch eine unangenehme Beimengung haben. Weiß entsteht, wenn alle Wellenlängen des sichtbaren Lichts reflektiert und so gleichmäßig gestreut werden, dass die drei Rezeptortypen des Auges (für Rot, Grün, Blau) ebenso gleichmäßig ansprechen.

Weiß verstärkt die Wirkung der „Buntfarben", noch mehr die von Schwarz. Dabei passt Weiß besser zu hellen Farbtönen (wie Gelb) als zu dunklen, die manchmal einen zu starken Kontrast hervorrufen. Die offensivsten Gegensätze bestehen zwischen Weiß und Schwarz oder Rot. Merkwürdig, dass selbst „strahlendes Weiß" mit wachsendem Abstand zum Betrachter rasch an Wirkung verliert. Gegebenenfalls kann ein dunkler Hintergrund die Fernwirkung verbessern.

Weiße Pflanzen

Während blaue und rote Farbtöne in der Dämmerung rasch verblassen, bieten weiße Blüten oder Blätter mit weißer Zeichnung im Dämmerlicht noch Orientierung. Eine weiße Beeteinfassung ist dort nützlich, wo blaue oder violette Blumen sich nicht kontrastreich genug vom grünen Rasen abheben. Sind Formen und Farben von Blättern das Gestaltungsthema, muss man auf dominante Blütenfarben verzichten. Hier unterstreichen die zurückhaltend weißen Blüten die subtilen Reize des Blattwerks.

Obwohl sie in der Natur nicht so häufig vorkommen, stehen doch zusammen mit den gärtnerisch ausgelesenen Sorten genügend weiß blühende Pflanzen zur Verfügung, darunter auch zahlreiche Rosensorten. In direkter Nachbarschaft zueinander werden die Unterschiede gut sichtbar, die zwischen dem „grauem" Kalkweiß einer *Aster umbellatus*, dem

Weiß: frisch, unberührt und ein wichtiger Aufheller im Schatten.

Die Struktur-
haftigkeit dieser
Wandbegrünung
wird durch die
nüchtern-weißen
Blüten der Kletter-
rose nicht gestört.

mittlerem Weiß der Scheinaster (*Boltonia asteroides* 'Snowbank') und dem unge-trübt „reinen" Weiß einer Herbstmargeri-te (*Leucanthemella serotina*) bzw. der Herbst-Anemone (*Anemone × hybrida* 'Andrea Atkinson') bestehen. Daneben sind Pflanzen mit weißfleckigem Laub (z.B. Lungenkräuter) oder weißrandigen Blättern (verschiedene Funkien-Sorten) bedeutsam, zumal sie über einen länge-ren Zeitraum wirken als Blüten. Das gilt erst recht für die weißen Stämme einiger Birken, von denen die der Himalaja-Birke (*Betula utilis* var. *jacquemontii*) das reins-te Weiß zeigen.

Weiße Birkenstämme
fordern zu gegen-
sätzlichen oder wie
hier farbähnlichen
Pflanzungen heraus
(Großes Windröschen,
Anemone sylvestris).

Nicht immer diskret: Grau

Weiße Materialien

In Verbindung mit graulaubigen Pflanzen oder grauem Naturstein wirkt Weiß noch weißer.

Die kühle Ausstrahlung von Edelstahl wird unterstrichen. Weiß ist wichtig, um Schattenpartien aufzuhellen. Dazu tragen auch weiß gestrichene Gartenmöbel bei, deren Wirkung aber rasch nachlässt, wenn sie nicht ständig sauber gehalten werden. Bestimmte und in einigen Steinbrüchen aufgeschlossene Partien von Kalk- und Sandsteinen sind nahezu weiß, das gilt auch für Marmor. Während der anspruchsvollere Charakter des Marmors nach architektonischer Verwendung in gesägter und polierter Form verlangt, sind Kalk- und Sandsteine im Außenbereich als Wegepflaster, für Plattenbeläge und Mauern gebräuchlich. Den stärksten und wirkungsvollsten Kontrast zu hellem Kalkstein liefert schwarzer Basalt. Über die jeweils passenden Pflanzen und deren Anordnung nachzudenken, ist eine spannende Herausforderung.

Grau ist eigentlich Weiß, aber von geringerer Intensität. Irgendwo zwischen Schwarz und Weiß gelegen, war es Anlass für die Wortschöpfung der „Grauzone", die unklare Bereiche des gesellschaftlichen Lebens meint. Egal, ob „grauer Alltag", „graue Maus", Nebel oder November; Grau wird gern mit Tristesse verbunden. Anders in der Kleidermode, wo das unaufdringliche, „seriöse" Grau Diskretion verheißt und im Geschäftsleben gern getragen wird. Dass Grau im Gegensatz zum helleren Weiß uneingeschränkt zu allen anderen, auch dunklen Farbtönen gestellt werden kann, ist ein auch für die Gartengestaltung wichtiger Vorzug. Dass die beteiligten Farben – auch das zurückhaltende Blau und Rosa – dabei an Wirkung gewinnen, macht Grau selbst indiskret und zugleich wichtig.

Graue Pflanzen

Hervorragend an sonnige und trockene Standorte angepasst, verkörpern graulaubige Pflanzen das typische Vegetationsbild dieser Lebensräume. Gewöhnlich sind es Haare oder Schuppen, die die Blätter und Triebe dicht bedecken, somit den Wasserverbrauch der Pflanzen reduzieren und sie zugleich grau erscheinen lassen. Filziges Grau streut das Licht und bildet einen wahrnehmbaren Gegensatz zu glatten, stärker reflektierenden weißen Blüten. Allerdings sind unter den grauen Pflanzen einige, die das Sonnenlicht stärker reflektieren als andere. So gibt es neben dem zurückhaltenden „Normalgrau" der Salbei-Sorte *Salvia officinalis* 'Berggarten' ein glänzendes, nicht zu übersehendes **Silbergrau,** beispielsweise vom Woll-Ziest (*Stachys byzantina* 'Silver Carpet'). Die Grenzen sind nicht trennscharf zu ziehen. *Verbascum bombyciferum* ist eine intensiv silbergraue Königskerze. Die schönen, filzig behaarten Blattrosetten kommen im Folgejahr zur Blüte und sterben dann ab. Die Sämlinge tauchen dort auf, wo die Pflanzung Lücken bietet. Glatt und metallisch grau wirkt die Elfenbeindistel *Eryngium giganteum*.

Niedrige, teppichbildende Stauden

Teppich-Garbe *Achillea tomentosa*

Habichtskraut *Hieracium pilosella* 'Niveum'

Silberraute *Artemisia schmidtiana* 'Nana'

Woll-Ziest *Stachys byzantina* 'Silver Carpet'

Hornkraut *Cerastium tomentosum*

Ehrenpreis *Veronica spicata* subsp. *incana*

Kniehohe Stauden

Perlkörbchen *Anaphalis triplinervis*

Salbei *Salvia officinalis* 'Berggarten'

Lavendel *Lavandula angustifolia* 'Hidcote'

Heiligenkraut *Santolina chamaecyparissus*

Hüfthohe Stauden/ Halbsträucher

Silberraute *Artemisia ludoviciana* 'Silver Queen'

Blauraute *Perovskia abrotanoides*

Ausläuferbildende Sträucher

Silber-Ölweide *Elaeagnus commutata*

Sanddorn *Hippophae rhamnoides*

Dünen-Weide *Salix repens* var. *argentea*

Kleinbäume

Orientalischer Weißdorn *Crataegus laciniata*

Weidenblättrige Birne *Pyrus salicifolia*

Schmalblättrige Ölweide *Elaeagnus angustifolia*

Kojoten-Weide *Salix exigua*

Großbäume

Silber-Pappel *Populus alba* 'Nivea'

Silber-Weide *Salix alba* var. *sericea*

Durchweg grau: Perlkörbchen (*Anaphalis triplinervis*).

frisch gebrochenem Material muss auf Farbtreue geachtet werden. Ebenso wie hellgraue Muschel- und Jurakalke sind Granite als Einzelblöcke, Wegepflaster und im Schotterbeet verwendbar. Zu ihnen gehören auch die meisten der von Gletschern rund geschliffenen „Findlinge" eiszeitlich überformter Landschaften. Gneis lässt sich plattig spalten und liefert so Baumaterial für Pergolenstützen und Schichtenmauerwerk. Für den gehobenen Anspruch steht Edelstahl zur Verfügung, der gern für Skulpturen verwendet wird. Wiederholen sich graulaubige Pflanzen in rau gebürsteten Metall-Oberflächen, stehen sie in deutlichem Gegensatz zu poliertem, Sonnenlicht reflektierendem Stahl. Als Baumaterial für Gartenhäuser, Pergolen und Rankgerüste ist Lärchenholz empfehlenswert. Es ist auch unbehandelt wetterfest und nimmt nach Jahren eine lichtgraue Färbung an.

Graue Materialien

Zunächst mag man an Beton (Mauern, Pflaster, Treppen) denken, der in seiner grauen „Urform" ein hervorragender Partner für alle Pflanzenfarben ist. Im Vergleich zu unbehandelten Wandflächen wirken profilierte, schalungsraue oder mit Steinmetzwerkzeugen (Scharriereisen, Stockhammer) bearbeitete Ansichtsflächen viel lebendiger. Trotz unzähliger Farbvarianten erscheinen angewitterte Granitoberflächen meist dunkelgrau; bei

Grau steigert die Wirkung von Weiß, leuchtenden und – wie im Beispiel – gedämpften Farbtönen.

Gartenräume – Farbräume

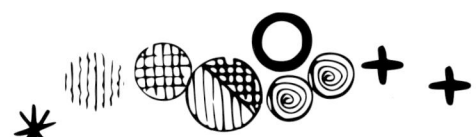

Räume vermitteln Maßstäbe, wecken Entdeckungslust, geben Sicherheit. Räume schaffen Stimmungen und Perspektiven, die durch Blumen allein nicht zustande kommen. Das gilt auch für Freiräume, die eine praktische und ästhetische Gestaltqualität mit Naturerleben und eigenem Handeln verbinden.

Anordnung von Räumen

Wegen ihrer Langlebigkeit und Höhe sind Gehölzpflanzungen neben dem Relief und der Bebauung die wichtigsten Mittel der Raumbildung. Hausgärten sind umso mehr persönliches Lebensumfeld, je

Von jeweils hellen und dunklen Farbtönen unterscheidbar geprägte Gartenräume (Garten Kerstin Mücke/ Horst Schöne, Weimar).

besser das Innenraumkonzept des Hauses mit dem Freiraumkonzept des Gartens übereinstimmt. Das ist schwierig, wenn erst nach der Planung und Fertigstellung des Hauses damit begonnen wird, über Bezüge zum Garten, zur umgebenden Landschaft und der hier gewachsenen Baukultur nachzudenken. Noch vor der Liste der Wunschpflanzen für den Garten steht das maßgeschneiderte Raumkonzept, weil es die Bedürfnisse der Gartennutzer koordiniert. So bekommen auch die Wunschpflanzen – und noch einige mehr – den optimalen Rahmen.

Die **Raumbildung** durch Hecken oder Mauern gehört zum Gartenerlebnis schlechthin. Die Höhe der Raumwände bestimmt zusammen mit der Ausdehnung der eingeschlossenen Fläche den sichtbaren Himmelsausschnitt und damit den Eindruck räumlicher Weite

oder Enge. Schmale Heckengänge geben Bewegungsrichtungen vor. Wo gewünscht, gewähren Raumöffnungen oder überschaubare Hecken Einsichten (Vorgarten) und Ausblicke (Landschaft). Eine Besonderheit des Freiraums sind die sich verändernden Maßverhältnisse, bedingt durch den Zuwachs raumbildender und -gliedernder Gehölze. Dagegen schreiben Mauern, begrünte Sichtschutzwände, Rankgerüste und geschnittene Hecken auch im Garten Proportionen fest. Sie sind für kleine Räume am besten als Wandbildner geeignet, da sie Platz einsparen.

Farbige Flechtwände geben einen blauen Farbraum vor, der im Schieferbelag eine Entsprechung findet und durch graulaubige Wildbirnen (*Pyrus salicifolia*) akzentuiert wird. Weiße Tupfer (Lilien) sind kontraststeigernde Blickziele.

Die von der Gartengröße unabhängige Gestaltung von sich schrittweise erschließenden **Raumfolgen** bietet die Möglichkeit, verschiedene Nutzerinteressen, Raumstimmungen und Bepflanzungsthemen unterzubringen. Die räumliche Erfahrung wird um eine rhythmische erweitert. Darüber hinaus wirkt der Garten durch diese „Portionierung" größer, als er wirklich ist; ein Phänomen, von dem gerade kleine Gärten profitieren.

Was liegt näher, als die aufeinander folgenden Teilräume auch farblich zu unterscheiden? Oft steht dann ein **Farbthema** am Anfang, wie etwa die Idee eines „Blauen Gartens". Die Farbwahl ist häufig spontan und folgt allgemeinen oder persönlichen Vorlieben. Deutlich spannender ist ein Umweg, bei dem nicht die Farben, sondern erwünschte Stimmungen und Charaktere im Vordergrund stehen: Welche – nun nicht mehr beliebigen – Farben sind geeignet, heitere Eindrücke zu erzeugen oder den Charakter einer Trockenlandschaft zu vermitteln? Welche Pflanzen stehen hierfür zur Verfügung?

In **Farbraumfolgen** werden jeweils dominierende Farben für aneinander gereihte Teilräume des Gartens so ausgewählt, dass sie nacheinander zu erleben sind. Das Ergebnis ist eine durch Wege verbundene „Farbenkette", die schrittweise von „Dunkel" nach „Hell" führen kann. Eine Alternative ist die Verwen-

dung kontrastreicher, gesättigter Gegenfarben in benachbarten Gartenräumen ohne stufende Übergänge.

Den ohne durchgehende Wegachse, oft gewunden angeordneten Raumfolgen steht ihre Reihung entlang geradliniger Sicht- und Wegelinien gegenüber. Die hier angehängten Einzelräume werden gewöhnlich durch ebenso geradlinige Schnitthecken oder Mauern umgrenzt.

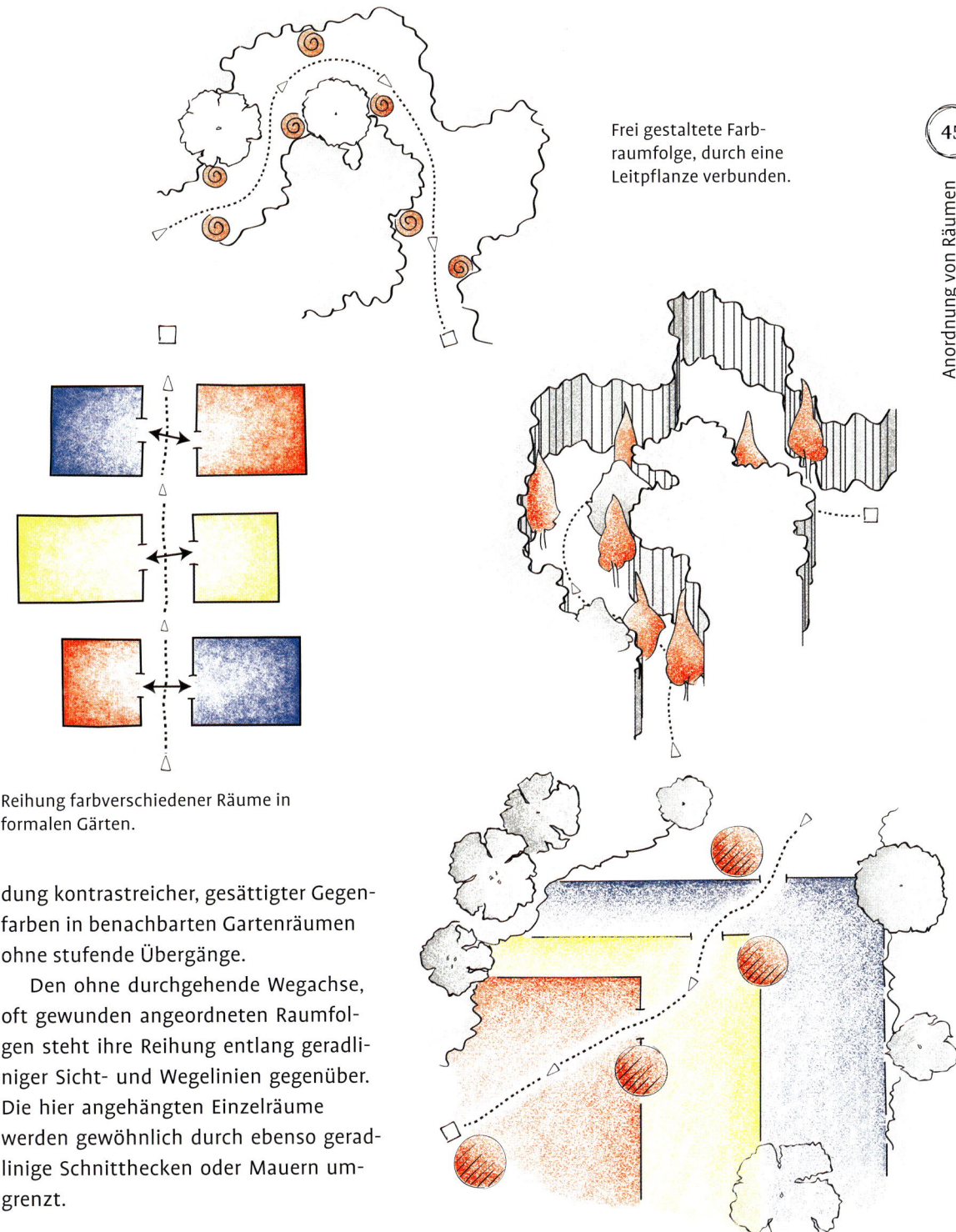

Frei gestaltete Farbraumfolge, durch eine Leitpflanze verbunden.

Reihung farbverschiedener Räume in formalen Gärten.

Eine Folge farbverschiedener Räume, durch farbgleiche Leitpflanzen verbunden.

Wenige weiße Ritter-
sporne „schieben"
die blauen nach vorn
und verstärken
den Blau-Rot-Kontrast.

In jedem Fall erschließen sie sich dem Betrachter erst dann vollständig, wenn er sich zu Fuß aufmacht und vorgezeichneten Wegen, Leitpflanzen oder anderen auffälligen Akzenten folgt. Das ist nicht sofort nötig, wenn die Verästelung des Raumes von einem meist zentralen Punkt ausgeht.

Von einem Punkt
aus einsehbare
„Farbfenster".

So etwa hat man – ohne die Terrasse verlassen zu müssen – rundum in eine jeweils blau, weiß und rot ausgepflanzte Gehölzlichtung Einblick. Diese **„Farbfenster"** bieten sich dem Auge nebeneinander dar. Welchen der sich dahinter verbergenden Farbräume man wirklich aufsucht, bleibt dem Betrachter überlassen.

Ganzheitliche Farbkonzepte lassen sowohl den jeweils überschaubaren Raum als auch den Garten insgesamt zum einprägsamen Erlebnis werden. Dazu ist es nötig, neben den Pflanzen mit ihren Blüten, Früchten, farbigen Sommer- oder Herbstblättern, Trieben und Stämmen auch die Farbigkeit von Bodenbelägen, Treppenanlagen, Sitzmöbeln, Zäunen, Türen, Fensterrahmen, Mauern, Gebäudewänden, Kleinarchitekturen und Leuchten mit einzubeziehen. Haus und Garten können als Einheit erlebt werden, wenn sich bauliche Ele-

mente und Pflanzen an der Farbigkeit und Formensprache der Architektur orientieren; ein Vorgehen, das auch spannungsvolle Kontraste einschließt. So ist die helle Hauswand der passende Hintergrund für ein dunkelblättriges Gehölz. An anderer Stelle finden Gebäudeformen ihre unmittelbare Entsprechung in der überwiegend grünen Architektur konturgeschnittener Gehölze, die sich als Wände, Kuben, Kugeln, Kegel und – bei entsprechender Sortenwahl – auch braun-, rot- oder gelblaubig darstellen können. Ob Einklang oder Gegensatz, das Farbkonzept braucht auch „Ausreißer"; Details, die „aus der Reihe tanzen". Dazu gehört der rote Mohn, der in die von Blau, Grün und Weiß dominierte Pflanzung auf den ersten Blick nicht hineingehört. Offensichtlich „Unpassendes" provoziert, aber unterstreicht auch die dominierende Farbidee.

Inhalte von Räumen

Gehorchen Raumbildung und Raumfolgen allgemein gültigen Gesetzmäßigkeiten, so zeugen die jeweiligen Rauminhalte von dem, was der einzelne Gartenbesitzer für attraktiv hält. „Attraktivität" bezeichnet das, was jeder von uns zwischen Grün und Bunt, zwischen Sammelleidenschaft und Minimalismus, zwischen Kontrolle und Spontanität individuell festlegt. Die Beschränkung auf einen der Endpunkte dieser Skalen wird nicht dauerhaft befriedigen. Wer nicht Dinge und auch Pflanzen geschehen lässt, wird wenig Neues kennen lernen. Die andauernde Statik formgeschnittener Gehölze weckt den Wunsch nach Veränderungen. Wer umgekehrt ganz auf ordnende und zuordnende Eingriffe verzichtet, schöpft Attraktivität nicht aus. Spannend und attraktiv zugleich sind die Verbindung und der Gegensatz zwischen dauerhaft ordnenden Rahmen (Einfassungen, Formhecken, Mauern) und wandlungsfähigen, artenreichen, auch vielfarbigen Inhalten in eingeschlossenen Pflanzflächen (Wechselflor, Stauden, Kräuter, Rosen).

Straffe Strukturen schaffen die nötige Rangordnung, die reizvolle Zufälligkeiten im Detail toleriert, selbst manches „Unkraut" übersehen lässt.

Bäume und Sträucher bilden Garten-, aber auch große Landschaftsräume. Erst das Gefühl der Bodenständigkeit und Verantwortlichkeit erzeugt den besonderen, durch persönliche Beziehungen geprägten Charakter des Gartens. Bodenständigkeit wächst mit Stauden, Sommerblumen, Kräutern, Obst- und Gemüsepflanzen, die – im Vergleich zu den

Bäumen und Sträuchern ringsum – eine intensivere Zuwendung verlangen oder gestatten. Das Blumenbeet ist gleichzeitig ein traditionelles „Stelldichein" der Farben. Auch farbige Skulpturen und andere Merkzeichen sind wichtig, um das persönliche Gartenerlebnis zu intensivieren. Man sollte versuchen, die in einem Gartengrundstück vorgefundene Vegetation in das Raum- und Farbkonzept einzubeziehen. Insbesondere Bäume schaffen unverwechselbare Vegetationsbilder.

Skulpturen, charaktervolle Gehölze und andere Einzelobjekte sind wichtige „Merkzeichen" für die Identifikation mit dem eigenen Garten.

Kein Farbprogramm, das nicht durch **Licht-Schatten-Kontraste** ergänzt werden sollte. Auch diese entstehen mit den Räumen, ihren Wänden und Einzelobjekten. Klar begrenzte und tiefe Schatten von Mauern, Gebäuden, Formhecken und dichtkronigen Bäumen (wie Baumhasel oder Rosskastanie) bilden harte Gegensätze zu offenen Rasen-, Wasser- oder Belagsflächen im gleißenden Sonnenlicht. Vor- und zurücktretende Heckenränder schaffen einen spannungsvollen Licht-Schatten-Rhythmus. Dagegen bieten lichtkronige Bäume wie Birken, Eichen oder Lärchen weiche Übergänge zwischen Licht und Schatten.

Eine gezielte **Gartenbeleuchtung** erweitert das Raumerlebnis am Tag um ein Raumerlebnis bei Nacht. Mindestens im Sommer kann man so länger seinen Garten genießen. Darüber hinaus schafft der Wechsel von ausgeleuchteten und ins Dunkel getauchten Bereichen Raumeindrücke, die von denen des Tages völlig abweichen. Ein Beleuchtungskonzept, das sowohl Flächenleuchten als auch auf Einzelobjekte (Skulptur, Brunnen, Pflanzen) gerichtete Punktstrahler geschickt aufeinander abstimmt, macht die Inszenierung perfekt.

Das Spiel mit der Farbe

Häufig möchte der stolze Gartenbesitzer die Freude an gelungenen Pflanzungen mit anderen teilen. Steigende Herausforderungen, die er dabei an sich selbst stellt, schrauben die Ansprüche an die Erlebnisqualität der Pflanzungen höher. Pflanzungen sollten mehr als nur „schön" sein, etwas mitzuteilen haben. Diese Botschaft kann sehr persönlich sein und muss nicht um die Gunst des Publikums werben. Der Betrachter erhält die Möglichkeit, eine Idee zu verstehen, die in der Pflanzung steckt. Freude, Genugtuung und Gesprächslust bereichern dieses „Entdeckererlebnis" in dem Maß, wie umgekehrt unverstandene Kunstwerke Ärger und Selbstzweifel auslösen. Dem Einsteiger wird es nicht um die „großen" Ideen gehen. Mit Farben zu spielen heißt zunächst, ihre Möglichkeiten zu ergründen. Das Ergebnis sind Pflanzungen, welche die Wirkung einzelner Farben im Zusammenklang mit anderen steigern, Aufmerksamkeit einfordern, Erlebnisvielfalt und vielschichtige Anregungen bieten. Ganz nebenher wachsen Erfahrungen, die Mut für neue Pflanzvorhaben machen.

Blaues Garteninterieur wird von wärmeren Blütenfarben umspielt. Die vertikal aufragenden Stängel der Stockrosen bieten Rückendeckung und Kontrast zur waagerechten Bank.

Farbkontraste

Warum sind Kontraste wichtig? Jede visuelle Wahrnehmung ist an Gegensätze gebunden. Nur wenn Farben (und Formen) von Einzelpflanzen oder gepflanzten Flächenfiguren deutlich genug von einer Grundfläche unterschieden werden können, setzen sie die unübersehbaren Akzente, die wir als Gestaltungsmit-

Beispiel für blockhaft gesetzte Farbkontraste, die – weithin sichtbar – plakativ wirken.

Am Anfang einer Pflanzidee steht nur im einfachsten Fall die Pflanze selbst. Auch der Pflanzensammler muss sich über Wuchsbedingungen und den passenden Rahmen Gedanken machen, wenn er seine Schätze wirkungsvoll präsentieren will. Ein wichtiger Planungsansatz ist deshalb die künftige Aufgabe der Pflanzung (z.B. Raumbildung und Sichtschutz durch eine Hecke) oder die Idee für ein Vegetationsbild, das einen bestimmten Charakter erhalten soll (z.B. die Entscheidung für eine Blütenhecke in einem bestimmten Farbspektrum). So sind beispielsweise gelb blühende oder gelb belaubte Pflanzen noch kein Anlass, einen „Gelben Garten" zu pflanzen. Gelb ist lediglich das geeignete, in gelben Pflanzen und gelbem Interieur zur Verfügung stehende Mittel, um die Botschaft einer kraftvollen, Wärme und Temperament ausstrahlenden Pflanzung zu transportieren.

Die Mischung kontrastreicher oder – wie hier – durch Übergänge verbundener Farbtöne lässt erst in der Nähe Unterschiede erkennen.

tel brauchen **(Figur-Grund-Kontrast).** Deshalb sind auch Hecken, Mauern und andere Hintergründe wichtig, welche die farbige Vorpflanzung entweder gegensätzlich unterstreichen oder wiederholen.

Damit ein Kontrast zustande kommt, müssen mindestens zwei gegensätzliche Wirkungen aufeinandertreffen. Die Vielfalt der möglichen Kontraste lässt sich auf eine überschaubare Zahl **elementarer Kontrastpaare** reduzieren. Neben dem Figur-Grund-Kontrast und einigen anderen gehören die Gegensätze von Hell und Dunkel, Struktur und Kontur, Klein und Groß, Fülle und Leere, „warmen" und „kühlen" Farben dazu. Bei unseren Betrachtungen ist der Kontrast der im Farbkreis gegenüber angeordneten Gegenfarben von besonderer Bedeutung.

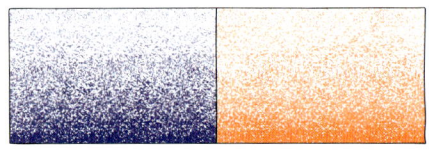

Disharmonie

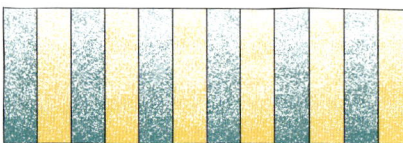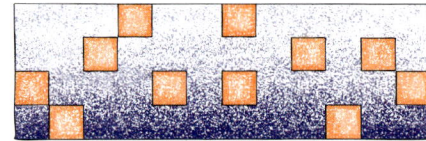

Auflösung durch Wiederholung (Schaffung von Gleichartigem)

Auflösung durch Ergänzung zu einer Winkelharmonie (Schaffung von Ungleichartigem)

Vereinigung massiv gegensätzlicher Farben (oben) durch „Portionierung" (Mitte) und das „Auswägen" ungleicher Teilflächen (unten); nach Liedl/ Armstorfer 1997.

Kontraste wecken Interesse.

Sie bieten Abwechslung (schwache Kontraste) bis hin zur Überraschung (starke Kontraste); können damit Ausdruck einer gewollten Rangordnung sein. Viele gegensätzliche Vorgänge sind mit Bewegungen verbunden: Auf und Ab, Hin und Her; deshalb „aktivieren" auch Farbgegensätze den gestalteten Freiraum.

Kontraste helfen ordnen.

Zunächst sind Zuordnungen verschiedener Pflanzen und Objekte erforderlich, um Kontraste zu erzeugen. Farbkontraste lassen sich herstellen, indem Farbflächen gegeneinander gesetzt oder verschiedenfarbige Pflanzen miteinander gemischt werden. Je nach Intensität der beteiligten Farben entstehen starke oder schwache Kontraste.

Kontraste schaffen Orientierung.

Sie sind für den Betrachter Blickziele, welche die Pflanzung strukturieren. Starke Kontraste können schnell und ohne besondere Konzentration wahrgenommen werden. Ein geballter Einsatz starker Kontraste ermüdet, die Orientierung geht wieder verloren. Deshalb brauchen Kontraste auch ruhige Zwischenstücke und Hintergründe (Rasen, Schnitthecken). Stets müssen Proportionen beachtet werden, da jeder der Kontrastpartner ein anderes „Gewicht" einbringt: Ist eine der beteiligten Pflanzen nicht groß oder farbintensiv genug, wird sie nicht als Kontrastpartner wahrgenommen. Umgekehrt kann die Wirkung großflächig nebeneinander gesetzer starker Farben zu „laut" sein. In kleine Portionen aufgeteilt, glättet sich der Gesamteindruck; so werden selbst gewagte Farbzusammenstellungen eher akzeptiert.

Benachbarte Farben beeinflussen sich gegenseitig. Bei der Gestaltung mit Farbkontrasten gilt der Grundsatz, dass die Wirkung von Farben durch gegensätzliche Farbnachbarn verstärkt wird. Das gilt sowohl für Pflanzungen als auch für angrenzende Gartenräume: Auf ein dezentes Blau kann ein satt orangefarbener Garten folgen, umschlossen von grünen, Ruhe einbringenden Heckenriegeln. Die Möglichkeit, gegensätzliche Farben nicht nur räumlich gegenüber zu stellen, sondern innerhalb der gleichen Pflanzung zeitlich zu staffeln, wird selten praktiziert. Farbkonzepte können nicht nur innerhalb eines Beetes, sondern auch über mehrere Pflanzflächen und -räume hinweg umgesetzt werden.

Selbst eine „Ton-in-Ton"-Pflanzung kann einen kontrastreichen **„Farbeinbruch"** gut gebrauchen: Ein rein „Blauer Garten" beeindruckt weniger als ein Garten, der durch sparsame Zugabe von Weiß und hellem Gelb noch blauer erscheint.

Bei der Vergesellschaftung von Farben werden vorrangig Blütenfarben, eher seltener farbiges Sommerlaub (rot, gelb) oder gar Herbst- und Fruchtfärbungen in die Planung einbezogen. Darüber hinaus ist die Mehrzahl der Pflanzen – neben ihren andersfarbigen Blüten und Früchten – meistens grün. Nur einige Sommerblumen (z.B. Studentenblumen) und Rosensorten blühen so dicht, dass die Blätter kaum noch sichtbar sind. Entsprechend hat man das Blattgrün als Kon-

trastpartner (fast) immer gratis dabei. Das kann gelegentlich schon reichen, wie Stechpalmen zeigen: Das Nebeneinander der leuchtendroten Beeren und dunkelgrünen, glänzenden Blätter an einer Pflanze (z.B. *Ilex aquifolium* 'J.C. van Tol') ist von wunderbarer Ästhetik.

Soll in Einzelfällen die Aufmerksamkeit auf die Formen und Grüntöne des Blattwerks gelenkt werden, bedeutet dies den Verzicht auf intensive, ablenkende Blüten- oder Fruchtfarben. Nur Weiß ist willkommen. Es stört nicht. Es unterstreicht Blattwirkungen und setzt ordnende, nicht zu übersehende Akzente.

Immer sind **„Abstandhalter"** nötig, sofern bestimmte Farbnachbarschaften voneinander getrennt werden sollen, die man nicht unmittelbar nebeneinander haben will. Monochrome Wände (Schnitthecken, Mauern) bieten vielfarbigen Blütenstauden und Sommerblumen einen effektsteigernden Hintergrund.

Weiß blühende und graulaubige Pflanzen sind die spannenderen Zwi-

schenspiele, weil sie Nachbarfarben kontrastreicher herausstellen – ganz gleich, ob es sich um starke Komplementärkontraste oder pastellige Farbtonstufungen handelt. Die Verbindung von Weiß und „knalligem" Rot ist ein unübersehbares Signal. Die Kombination von Weiß mit den weicheren Tönen rotlaubiger Pflanzen ist immer noch effektvoll genug. Ein Beispiel bieten weiß blühende Steinweichsel (*Prunus mahaleb*) vor dem braunrot austreibendem Spitz-Ahorn (*Acer platanoides* 'Schwedleri').

Andere weiche Farbtöne, die neben leuchtendem Rot oder Gelb bedeutungslos erscheinen, haben neben grauem Blattwerk – je nach Reflexionsgrad mehr oder weniger silbern – ihren großen Auftritt. Grau bringt aber auch Rot und Blau noch besser heraus. Eine in Sommerblumenbeeten mit zuverlässiger Wirkung praktizierte Partnerschaft: Graulaubige Pflanzen zusammen mit Feuer-Salbei (*Salvia splendens*) oder

Graue Pflanzengruppen (Mehl-Salbei, *Salvia farinacea*), mehr noch die weißen Tupfer (Trichtermalve, *Malope trifida*) verleihen der Pflanzung orientierende und kontraststeigernde Muster.

tiefblauer Vanilleblume (*Heliotropium arborescens*).

JOHANNES ITTEN (1888–1967) hat versucht, die Vielzahl möglicher Kontrastsetzungen mit Farben zu sortieren. Seine Unterscheidung der **Farbkontrast-Arten** schult den eigenen Umgang mit Farben.

„Farbe-an-sich"-Kontrast

Auch als „reiner" Farbkontrast bezeichnet, sind mit dem „Farbe-an-sich"-Kontrast Gegenüberstellungen der primären Grundfarben (Körperfarben) Rot, Gelb und Blau gemeint. Aus ihrer Mischung ent-

standen, erzeugen Grün, Orange oder Violett deutlich schwächere Farbkontraste (sekundäre Mischfarben). Das gilt schon für Grün mit Blau. Die Grenzen zwischen beiden sind wenig markant. Weiß dazwischen macht das Blau frischer und den Kontrast deutlicher. Orangegelb schließlich aktiviert das Blau vollständig. Der jetzt entstandene starke Kontrast lässt das Grün zurücktreten.

Hell-Dunkel-Kontrast

Der Hell-Dunkel-Kontrast gehört zu den elementaren Kontrastpaaren und greift

über den Wechsel von Tag und Nacht auch tief in den menschlichen Lebensrhythmus ein. Der Gegensatz von Licht und Schatten, Weiß und Schwarz bildet jeweils starke Kontraste; dagegen treten Gegenüberstellungen von Hell- und Dunkelgrau eher zurück. Das gilt auch für die differenzierten Helligkeitsstufen von Buntfarben (Tonwertkontrast).

Jeder Farbkontrast wird durch unterschiedliche Helligkeiten der beteiligten Farbtöne deutlicher und umgekehrt. Zwischen Rot und Grün – beide gleich hell – sind die Grenzen längst nicht so deutlich wie die zwischen Hellrot und Dunkelgrün, die folglich einen weit stärkeren Kontrast erzeugen. Der kann neben ungetrübtem, hellstem Weiß auch zu stark werden – selbst das glänzende Silbergrau ist hier verträglicher.

Kalt-Warm-Kontrast

Der Kalt-Warm-Kontrast ist wie der Hell-Dunkel-Kontrast ein elementares, sehr

ausdrucksstarkes Kontrastpaar, das mit „kalten" (Grün- und Blautöne, Violett) und „warmen" Farben (Gelb, Orange, Rot, Magenta) umgesetzt werden kann. Der durch Rot und Grün geteilte Farbkreis liefert diese gegensätzlichen Bereiche.

Simultan-Kontrast

Unter Simultan-Kontrast versteht man keinen wirklichen Kontrast, vielmehr den Einfluss, den benachbarte Farbflächen aufeinander ausüben. Eine graue Pflanzendecke, von einem roten Blütenband umgeben, erscheint möglicherweise

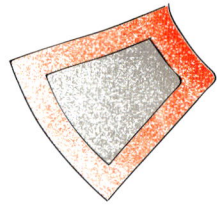

grünstichig, weil im Kopf ein „Nachbild" der Gegenfarbe („Sukzessivkontrast") erzeugt wird (Grün liegt dem Rot im Farbkreis gegenüber). Violett hat ein gelbes, Blau ein orangefarbenes Nachbild. Verständlich, dass diese Nachbilder die Wirkung real benachbarter Gegenfarben verstärken müssen. Eine Wirkung, die im anschließend beschriebenen „Komplementär-Kontrast" genutzt wird.

Helle oder dunkle Farbtöne intensivieren oder dämpfen die angrenzenden Farben. Hier darf auch der Einfluss hell- oder dunkelgrüner Blätter auf die Fär-

24-teiliger Farbtonkreis als Hilfsmittel zur Bestimmung harmonischer Farbverbindungen

Zweiklang

Kontrastreicher Dreiklang

Weicher Dreiklang

   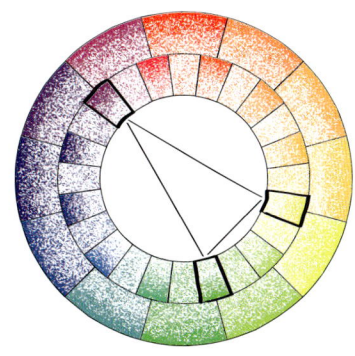

bung der dazwischen sitzenden Blüten und Früchte nicht unterschätzt werden. Dunkles oder helles Laub ist ein typisches Art- oder Sortenmerkmal oder wird durch jahreszeitliche Veränderungen ausgelöst: Während sich das hellere und „aktivere" Maigrün (Gelbgrün) noch in den Vordergrund drängt, tritt das im Spätsommer deutlich dunklereπ Grün stärker zurück. Weil sich Hellgrün in gegensätzlichen Farbnachbarschaften anders als Dunkelgrün verhält, sind die Farben der Frühjahrs- und Sommerkontraste häufig nicht dieselben.

Komplementär-Kontrast

Im Farbkreis gegenüber liegende Farben, zu **Zweiklängen** vereint, liefern die stärksten und gleichzeitig ausgewogene Kontraste – die Komplementär-Kontraste. Beispiele: Goldgelb + Ultramarin, Orange + Blau, Gelbgrün + Rotviolett, Gelb + Violett. Alternativ können diese „Gegenfarben" durch einen dritten, im Farbkreis benachbarten Farbton ergänzt werden.

Diese Verbindung formt ein imaginär darübergelegtes **gleichschenkliges Dreieck** und führt zu einem ebenfalls harmonischen, wenngleich weniger

kontrastreichen **„Dreiklang".** Beispiele: Goldgelb + Rotorange + Blau, Gelbgrün + Gelb + Purpur. Drei Farben, jeweils um ein Drittel des Farbkreisumfangs vorrückend, liefern „härtere" Dreiklänge (z.B. Blau + Gelb + Rot, Grün + Orange + Violett). Diese Konstellation ergibt ein **gleichseitiges Dreieck.** Das gleiche Ergebnis erzielt man, wenn man eine der Gegenfarben noch einmal – jetzt abgedunkelt oder aufgehellt – zugibt (das Prinzip „Wiederholung und Veränderung") oder von zwei Gegenfarbpaaren eine Farbe auslässt.

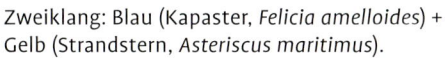
Zweiklang: Blau (Kapaster, *Felicia amelloides*) + Gelb (Strandstern, *Asteriscus maritimus*).

Dreiklang: Blau (Rittersporn, *Delphinium*) + Gelb (Goldgarbe, *Achillea filipendulina*) + Rot (Brennende Liebe, *Lychnis chalcedonica*).

Bleibt sie dabei, entsteht ein **„Vier-klang"**, etwa Gelbgrün + Rotviolett + Rotorange + Blaugrün. Das wird man-chem schon „zu bunt" sein, wenn nicht genügend trennende weiße oder graue Tupfer gesetzt werden.

Die Nachbarschaft im Farbkreis an-grenzender Farben bedeutet weiche Übergänge. Augenscheinlich gilt das für Rot und Orangerot – beide ähnlich inten-siv und offensichtlich konkurrierend – nicht. Orange steht besser neben Braun, Blau und Silbergrau, wenn es nicht durch Weiß von Rot getrennt werden kann. Eine Alternative ist die Verknüpfung von Rot und Orange durch zahlreiche vermitteln-de Zwischenstufen von Blatt- und Blü-tenfarben, so zu sehen in den berühmten „Red Borders" von Hidcote Manor (Gloucestershire/GB).

Qualitätskontrast

Im Qualitätskontrast stehen leuchten-den, gesättigten Farben gebrochene, häufig durch Grau getrübte Farben gegenüber. Eine Farbe verliert auch dann an Intensität, wenn sie – mehr oder weni-ger offensichtlich – Anteile ihrer Komple-mentärfarbe aufweist; etwa dann, wenn rote Farbstoffe das Blattgrün überdecken

(Blut-Buche). Reflektierende Blätter und Blüten steigern die Leuchtkraft der Farben. Nicht glänzende Farben verlieren deutlich an Fernwirkung.

Auch die Zusammenstellung Grün und Braun (hier ist das Orange durch Schwarz getrübt) ist ein Beispiel für einen zwar schwachen, aber nicht unwichtigen Kontrast. Im Vergleich mit den meist kurzlebigen, rasch wechselnden Blüten-farben machen Grün und Braun in Gärten einen größeren Anteil aus, als ihre Un-aufdringlichkeit vermuten lässt. Winter-grüne Farne, Moose und Brombeerbüsche trösten den Beobachter über das fahle Braun toter Winterblätter hinweg.

Die besondere Stimmung, die das Miteinander von rostigem Eisen und im-mergrünem Efeu verkörpert, berührt je-den Besucher halb vergessener Friedhöfe.

Quantitätskontrast

Es genügt nicht, eine warme, leuchtkräf-tige Farbe neben eine getrübte, schwache zu stellen (Kalt-Warm-Kontrast, Quali-tätskontrast). Eine sehr viel intensivere

Farbe wird die gegensätzlich benachbarte ins Abseits drängen, wenn dieser nicht ausreichend Gewicht verliehen wird. Das heißt, der Mengenanteil vergleichsweise schwacher Farben muss so weit erhöht werden, bis ein harmonischer Gesamt-eindruck erreicht ist. Dieser Umstand wird durch den Quantitätskontrast berücksichtigt. Es gilt, Kontraste nicht nur zu schaffen, sondern auch ins rechte Verhältnis zueinander zu setzen. Dabei helfen die von GOETHE eingeführten „Lichtwerte", die er Farben zugeordnet hat (siehe Seite 21). Es ist wichtig, diese Proportionen zu beachten, um Missklän-ge zu vermeiden. Das gilt insbesondere für die Planung plakativer Farbflächen, die oft in Wechselpflanzungen, aber auch in Rosengärten und wiesenartigen Vegetationsbildern eine wichtige Rolle spielen.

„Vierklang" oder mehr?
Braune Töne (*Sedum* 'Matrona'; Mexika-nisches Federgras, *Nassella tenuissima*)
beruhigen das Farbenvielerlei.

Exkurs *Warum kann ein spannungsreicher Farbkontrast angenehm wirken?*

Einmal mag es daran liegen, dass reine Farben sich gegenseitig zu einem unbunten Grau ergänzen.

Zum anderen „verlangt" eine Farbe nach der gegensätzlich komplementären; das zeigen auch die mit dem Simultankontrast verbundenen „Nachbilder". Diesen Brückenschlag kann man nutzen, um zwischen räumlich getrennten Pflanzflächen (Farbflächen) einen Zusammenhang herzustellen. Gewöhnlich wird man das zunächst mit gleichen oder ähnlichen, in beiden Beeten vorkommenden Farbtönen versuchen und nicht sofort an diese andere, wirklich „gegensätzliche" Lösung denken.

Der Dreiklang „Orange – Purpur – Grün" zeigt beispielhaft, wie sehr Gegensätze und anziehende Gemeinsamkeiten verschwistert sind: Im Orange sind Gelb und Rot vertreten, das Rot reicht zum Purpur, das neben Rot Blau enthält. Dieses sucht die Verbindung zum Grün, in dem Blau und Gelb stecken. Das wiederum schlägt den Bogen zum Orange.

Rangordnung der Farben

Unterschiedliche Helligkeits- und Sättigungsstufen bedingen die ebenso unterschiedliche Intensität verschiedener Farbtöne. Damit wohnt den Farben selbst eine Rangordnung inne. Diese macht es den Augen möglich, sich zwischen „wichtig" (Orte starker Farben) und „weniger wichtig" (Orte schwacher Farben) zu orientieren. Bei gezieltem Einsatz erhalten Pflanzungen auf diesem Wege eine räumliche Ordnung und spannungsreiche Struktur. Zudem liegen zwischen **starken und schwachen Farbkontrasten** Unterschiede, die Rangordnungen ermöglichen. Unabhängig von den Beziehungen, die zwischen diesen Kontrasten bestehen, steckt in ihnen mehr Dynamik als bei einer in abgestuften Farbtönen angelegten Pflanzung („Ton in Ton").

Ein spannungsvolles und gut verständliches Pflanzungsthema sind **Leitfarben** und ihre Vielfalt einbringenden Begleiter. Sobald eine Pflanze häufiger als andere eingesetzt wird, gibt sie das gewählte Farbmotiv vor. In Beziehung zu ihr werden die abweichenden Schattierungen der Begleitpflanzen deutlich. Hier darf man jedoch keine Ausläufer bildenden Pflanzen einsetzen, da mit ihnen eine kontrollierte Akzentsetzung nicht möglich ist!

Obwohl man spontan dazu neigt, eine ohnehin starke und auffällige Leitfarbe

zu wählen, ist das nicht zwingend nötig. Da es hier nicht auf starke Kontraste ankommt, ist jede Helligkeits- oder Sättigungsstufe einer Farbe geeignet, um wiederholt verwendet zu werden. Allerdings müssen weniger intensive Farbtöne häufiger auftauchen als andere, um die gleiche Wirkung zu erzielen. Das heißt umgekehrt: Auch schlichte Pflanzen erhalten durch ihre Wiederholung die Chance, wahrgenommen zu werden.

Gerade die Wirkung der leuchtkräftigsten Farben nutzt sich bei allzu häufiger Wiederholung ab. Verschiedene, das

Ein eher verhaltener Dreiklang (Orange + Purpur + Gelbgrün), der einer beruhigenden Zugabe nicht bedarf.

Blau (Rittersporn, *Delphinium*) + Gelb (Goldgarbe, *Achillea filipendulina*): ein starker Kontrast!

Graulaubige Königskerzen (*Verbascum bombyciferum*) verbinden ihre Farbwirkung mit einer markanten, die Pflanzung strukturierenden Wuchsform.

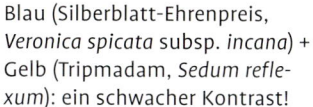

Blau (Silberblatt-Ehrenpreis, *Veronica spicata* subsp. *incana*) + Gelb (Tripmadam, *Sedum reflexum*): ein schwacher Kontrast!

Farbthema variierende **Begleitpflanzen** halten das Interesse an der Pflanzung wach. Begleiter können auch gegensätzliche Farbtöne einbringen, wenn die Dominanz der Leitfarbe dadurch nicht in Frage gestellt wird. Die erscheint so – trotz gleicher Leitpflanzen – in einem anderen, „neuen Licht". Auch ungleichgewichtig große Leit-/Begleitpflanzengruppen und verschieden große Abstände zwischen ihnen erzeugen Spannung, erhalten die Aufmerksamkeit und lassen dennoch die wiederkehrenden Gemeinsamkeiten entdecken.

Nebeneinander verwendet, erzeugen verschiedene Sättigungsstufen eines Farbtons subtile Kontraste.

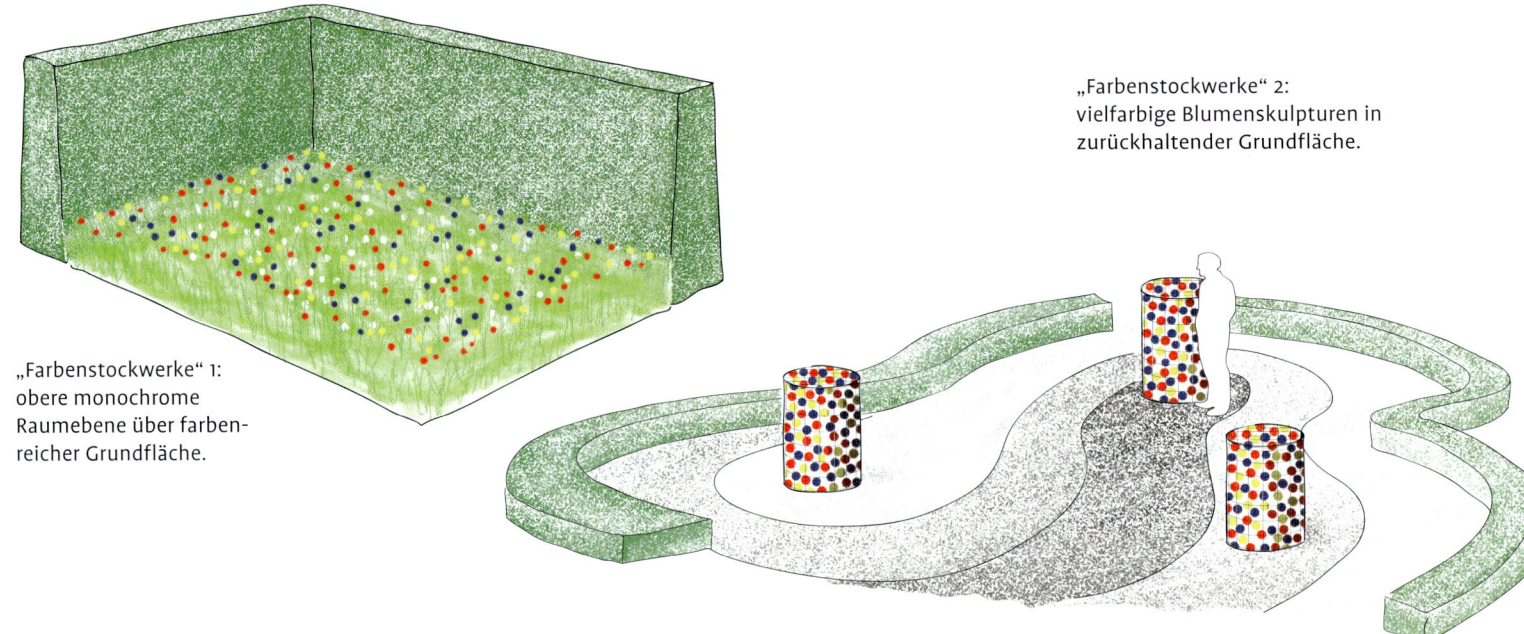

„Farbenstockwerke" 1:
obere monochrome
Raumebene über farben-
reicher Grundfläche.

„Farbenstockwerke" 2:
vielfarbige Blumenskulpturen in
zurückhaltender Grundfläche.

Als Leitfarben sind gedämpfte Pastelltöne untereinander beliebig zu vergesellschaften. Als Begleiter wiederholen und steigern weiß blühende und graulaubige Einsprengsel das in diesen Farben enthaltene Weiß und Grau. Weil sie wenig gegenhalten können, passen zurückhaltende Farbtöne weniger gut zu prallsonnigen Lagen. Besser sind Pflanzplätze, die im Morgen- oder Abendlicht liegen. Bei tiefer Ausleuchtung werden auch trübrote Sonnenhüte und ockerfarbene Schafgarben zum Glühen gebracht.

Leitfarben lassen sich sowohl an Einzelpflanzen und gleichfarbigen Pflanzengruppen wie auch an Vegetationsflächen, Werkstoffen und Anstrichen festmachen. Einzelpflanzen mit prägnanter Farbigkeit sind gut als **optische „Trittsteine"** geeignet, die auch in ausgedehnten Pflanzungen und für das Auge sofort erkennbar Orientierung und Zusammenhalt bieten. Leitfunktion können auch verschiedenartige Pflanzenzusammenstellungen übernehmen, die wiederkehrende mehrfarbige Farbakzente setzen. Die Planung solcher „Kerngruppenpflanzungen" wird auf Seite 64 beschrieben. Als weitere Möglichkeit kann man eine auffällig (anders-)farbige Leitpflanze auswählen, die den Gartenbesucher von Raum zu Raum „weiterreicht".

Die Idee, Ebenen innerhalb eines überschaubaren Raums mit verschiedenen, gestuften oder gegensätzlichen Farbinhalten auszustatten, führt zu **Farbenstockwerken.**

Über niedrigen, vielfarbigen Blumenbeeten stehen einfarbig grüne Hecken oder umgekehrt: Grau, braun und weiß strukturierte Bodenflächen werden von farbigen Skulpturen überragt. Auch gelbe Kaiserkronen (*Fritillaria imperialis*), die einzeln eingestreut einen blauen Vergissmeinnicht-Teppich überragen, sind ein passendes Beispiel.

Verschiedene reine Farbtöne (primäre Grundfarben; Blau, Rot, Gelb) und andere Komplementärfarben bilden immer Gegensätze, nie Übergänge. Sie schaffen Eindrücke, die insbesondere bei plakativer, großflächiger Verwendung weithin wahrnehmbar und deutlich ranghöher sind als die weniger auffälligen Unterschiede zwischen gebrochenen und gestuften Farbtönen. Eine beispielhafte Pflanzung mit „weichen" Übergängen wäre: das Weiß der Schwertlilien-Sorte (*Iris germanica* 'Lugano'), das Grau des Perlkörbchens (*Anaphalis triplinervis*), das

Hellgelb der Garben-Sorte (*Achillea* 'Credo'), das kräftigere Gelb des Mädchenauges (*Coreopsis verticillata* 'Grandiflora') zusammen mit dem orangefarbenen Sonnenauge (*Heliopsis* 'Mars'). Diese feine Differenzierung verlangt die kleinteilige Aufgliederung großer Flächen, die im Einzelfall bis zur Mischung der beteiligten Arten reichen kann. Aber: Sollen feine Farbtonstufungen deutlich erkennbar bleiben, müssen sie – wenngleich klar voneinander getrennt – unmittelbar aneinander grenzen. Das wird am Planbeispiel „Versunkene Farben" auf Seite 92 deutlich.

Wahrscheinlich ist es in den meisten Fällen sinnvoll, die Intensitätsebenen von Farbkontrasten deutlich auseinander zu halten, um Missklänge zu vermeiden. So kann der Dreiklang „Rot – Blau – Gelb" einmal intensiv und in die Ferne wirkend, an anderer Stelle zurückhaltend vermittelt werden. Ein Beispiel für die offensive Variante: Das volle Rot der Brennenden Liebe (*Lychnis chalcedonica*) mit dem tiefen Blau des Rittersporns (*Delphinium*) und dem Gelb der Goldgarbe (*Achillea filipendulina*). Die zurückhaltendere Variante: das gedämpfte Rot des Roten Sonnenhutes (*Echinacea purpurea*) mit dem blassen Lilablau der Katzenminze (*Nepeta* × *faassenii*) und dem Gelbgrün der Steppen-Wolfsmilch (*Euphorbia seguieriana*). Unabhängig von ihrer gestuften Farbintensität gehören alle genannten Pflanzen in vollsonnige Lagen.

Oft recht einfallslos daherkommend, können solche Farbblöcke durch eingestreute Einzelpflanzen und Aufweichung ihrer Kanten leicht lebendiger gestaltet werden.

 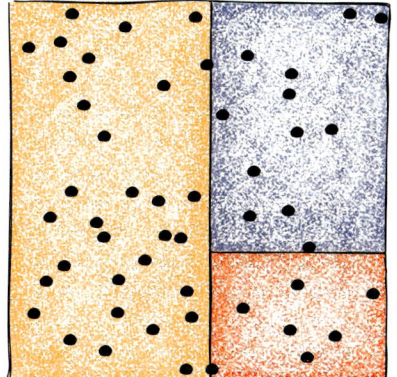

Farbige Flächenfiguren I:
Farbblöcke, rechts: durch Streupflanzung aufgelockert

Farbige Flächenfiguren

Klar gezogene Trennlinien zwischen verschiedenfarbigen Pflanzengruppen führen zu Flächenfiguren unterschiedlicher Aussagekraft. Die einfachste, vergleichsweise uninspirierte Anwendung sind bandförmig aneinandergereihte **Farbblöcke,** die kontrastreich wechseln oder sich in der Farbintensität steigern.

Der Planungsaufwand ist gering, der Pflegebedarf ist leicht zu überblicken, weil Fremdbewuchs, der nicht hineingehört, leicht zu erkennen ist. Wenn mit höher wachsenden Arten gestaltet wird, ist die Anordnung der Pflanzen auch aus

Ornamentale Flächenfiguren halten nur in kurzlebigen Wechselpflanzungen oder bei geringem Zuwachs die Form.

größerer Entfernung gut sichtbar. Wer Blütenstauden pflanzt, muss auch die winterstabilen Arten spätestens Ende Februar zurückschneiden; dann gibt es große Löcher. Um diese zu füllen, werden frühblühende Zwiebel- und Knollenstauden eingeplant (Pflanzzeit für diese ist der Herbst). Empfehlenswert ist die Wiederholung einzelner Farbblöcke in unregelmäßigem Abstand. Das verleiht der Pflanzung einen spannenden Rhythmus. Um zwischen den Blöcken einen natürlich „weichen" Übergang zu erzielen, genügt es, die jeweils randständigen Pflanzen zu mischen. Damit wird allzu linientreu und scharf gezogenen Grenzen die Strenge genommen.

Pflanzliche Flächenfiguren lassen sich mit unterscheidbaren Blüten- und Blattfarben als symmetrische oder asymmetrische **ornamentale Muster** zeichnen (Raster, Streifen, Bögen).

Dieses Pflanzschema ist in kurzlebigen (im Herbst geräumten) Sommerblumenbeeten problemlos umsetzbar. In ausdauernden Stauden- und Gehölzpflanzungen bleiben die geplanten Strukturen nur bei intensiver Pflege oder geringem Zuwachs auf Dauer sichtbar. Starker Zuwachs löst die Grenzlinien und

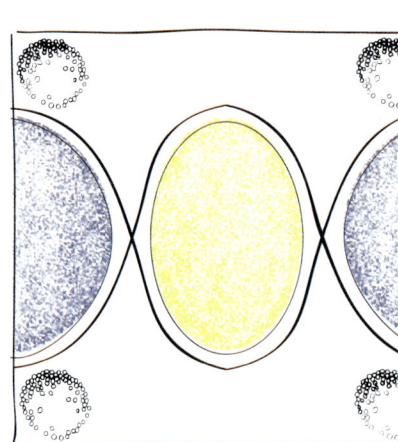

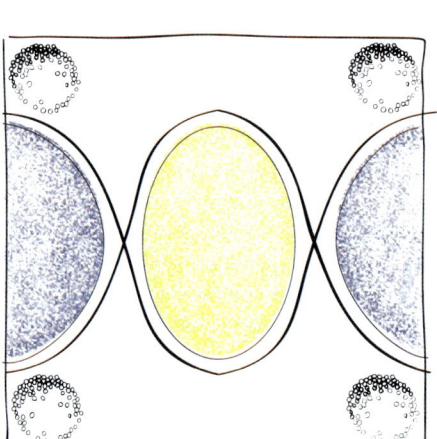

Farbige Flächenfiguren II:
Ornamentale Muster

damit die Flächenfiguren selbst auf. Deshalb sind stark ausläuferbildende und sich versamende Arten hierfür nicht brauchbar. Kahle Figurensegmente durch einziehende oder spät austreibende Pflanzen stören das Gesamtbild. Wichtig sind deshalb immergrüne, mindestens wintergrüne Arten. Unbefriedigende oder komplett ausgefallene Segmente sollte man durch eine geeignetere Art ersetzen. Die Pflege ist einfach, weil „Eindringlinge" auch ohne besondere Pflanzenkenntnis von den gewünschten Arten unterschieden werden können. Manchmal ist es schwierig, Flächenfiguren – die auf dem Planblatt so stimmig aussahen – aus der Fußgängerperspektive in der späteren Pflanzung zu erkennen. Niedrige Pflanzungen, auch auf geneigten oder von oben einsehbaren Flächen, bieten die besten Voraussetzungen.

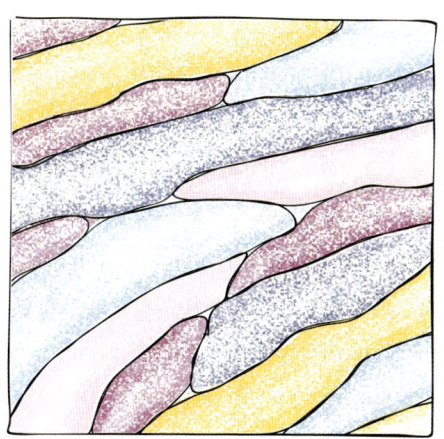

Driftpflanzung

Driftpflanzungen mit Blütenstauden und Sommerblumen

"Driftpflanzung": langgestreckte Pflanzenbänder sorgen für enge ästhetische Wechselbeziehungen zwischen den verwendeten Arten.

Basierend auf der Idee der englischen Gärtnerin GERTRUDE JEKYLL (1843–1932), stellen die „Drifts" lang ausgezogene, sich an den Enden verjüngende Pflanzenbänder dar. Eng aneinander geschmiegt, entsteht ein ineinander „verwobenes" Vegetationsbild. Jede Art hat mehrere Nachbarn, so dass sich vielfältige ästhetische Wechselbeziehungen ergeben. Nach der Blüte einziehende oder unan-

sehnliche Blütenstauden werden durch die davor angeordneten verdeckt, wenn die Bänder quer zur Blickrichtung verlaufen. Hierdurch lassen sich Pflegegänge einsparen. Wichtig: Nur bei ähnlichen oder in Betrachterrichtung ansteigenden Wuchshöhen bleiben alle Pflanzensegmente für den „bodenständigen" Betrachter sichtbar, das Pflanzkonzept wird nur so erlebbar.

Farbenmosaik

Mosaikpflanzungen mit fleckenartigen Pflanzengruppen orientieren sich an natürlichen Vorbildern. Das sind stark gegliederte, langfristig stabile Pflanzengesellschaften, die kleinräumig variierende Standortfaktoren widerspiegeln. Beispiele sind das lichtabhängige Vegetationsmosaik am Waldboden, das reliefbedingt unterschiedliche Wasserangebot in Mooren, Wiesen und Gesteinsfluren mit jeweils artenreichem Vegetationsmosaik, sowie höhere Staudengesellschaften an Ufern und Säumen.

Die Anwendung reicht von niedrigen Flächenpflanzungen bis zur hochwüchsigen, wegrandbegleitenden „Rabatte". Bei standortgerechter Auswahl ähnlich konkurrenzkräftiger Arten hält sich die Pflege in Grenzen. Spätere Verschiebungen innerhalb der Pflanzung sind nicht dramatisch, weil es keine genau definierten Flächenfiguren gibt. Fällt im

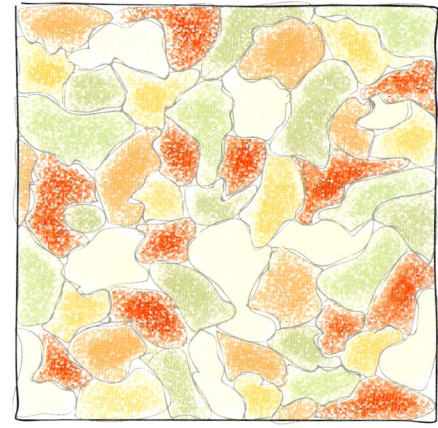

Farbenmosaik

kleinteiligen „Mosaikfenster" eine Art aus, stört das weit weniger als in blockartig angelegten Pflanzungen. Mosaikpflanzungen sehen zwar recht natürlich aus, müssen aber ebenso sorgfältig wie die meisten anderen Pflanzungen geplant und abgesteckt werden.

Gleichmäßig gemischte Farbflecken geben dem Auge keinen Halt. Also sollte man besser darüber nachdenken, wie eine auszuwählende Farbe mehrfach wiederkehrend ein ordnendes, zugleich spannungsvolles Muster erzeugen könnte. Zu geringe Abstände lassen gleichfarbige Flecken zu einer geschlossenen Fläche zusammenfließen (Farbverlauf, siehe Seite 63).

Kleinteiliges Farbenmosaik – solche impressionistisch anmutenden Farbwirkungen funktionieren am besten auf kleinen Flächen.

Farbverläufe

Einen Farbverlauf in der Pflanzplanung vorzusehen bedeutet, dass sich dominierende, aber verschiedene Pflanzen auf der Vegetationsfläche ablösen. Grundsätzlich ist es denkbar, verschiedenfarbige Pflanzen ähnlicher Höhe und Konkurrenzkraft – etwa rote und weiße Tulpen – zu mischen. Ungleich spannender ist das Ergebnis, wenn beide Farben jeweils gruppiert werden, um sie an den Rändern auszudünnen und in die Nachbarfarbe „hineintröpfeln" zu lassen.

Der Aufwand bei der Pflanzung ist der gleiche; der Vorzug liegt darin, neben der plakativen Wirkung der Einzelfarben die enge gegensätzliche Wechselbeziehung zwischen den beteiligten Farben dort zu haben, wo sie miteinander in Kontakt treten. Wie dieser „weiche" Übergang planerisch lösbar ist, zeigt die Beispielpflanzung „Garten der Besinnung" ab Seite 96 ff.

Farbverlauf

Vorbild Landschaft:
Farbverlauf durch
Ausdünnung der
Individuenzahl einer
Art.

Pflanzung nach Geselligkeitsstufen

Die Pflanzung nach „Geselligkeitsstufen"
wird für Staudenpflanzungen empfohlen,
hat aber allgemeingültigen Charakter.
Unterschiedliche Gestalt, Ausbreitungs-
strategien und Wuchshöhen bedingen,
dass verschiedene Pflanzen gewöhnlich
nicht in gleicher Weise gruppiert werden
können. So eignen sich Pflanzen mit
Ausläufern nicht dafür, einzeln und
punktgenau platziert zu werden. Sub-
stanzschwache und leicht umknickende
Arten brauchen den Halt einer größeren
Gruppe; große und standfeste sind für
die Einzelstellung geeignet. Kleine Pflanzen bedürfen größerer Stückzahlen, um
wahrgenommen zu werden. Manche sind
so konkurrenzstark, dass sie Nachbarn
nicht dulden und eine Fläche allein besetzen. Die in Staudenkatalogen gege-
benen Gruppierungsempfehlungen
unterscheiden entsprechend:
- Einzelstellung (Gesellligkeit I),
- Kleingruppe (Gesellligkeit II,
  zu etwa 3 bis 10 Stück),
- Mittelgruppe (Gesellligkeit III,
  zu etwa 10 bis 20 Stück),

- Großgruppe (Gesellligkeit IV,
  zu > 20 Stück)
- ganzflächig deckende Einartbestände
  (Gesellligkeit V).

Einartbestände können alternative Be-
grünungslösungen für extreme Standorte
darstellen. Hier kommen ausschließlich
Spezialisten zum Einsatz, die mit den
Stressbedingungen, z.B. im trockenen
Schatten, gut zurechtkommen und damit
die Konkurrenz ausschließen, wie Efeu
(*Hedera helix*) oder Felsen-Storchschnabel
(*Geranium macrorrhizum*). Die „Farbenspiele" dieser einförmigen Vegetationsbilder sind eher unspektakulär. Dagegen
bieten die Gesellligkeitsstufen I bis IV ein
lebendiges horizontales und vertikales,
an Farbenvielfalt zu koppelndes Vertei-
lungsmuster: Größere und niedrige Flächen wechseln sich mit kleineren,
aber höheren Gruppen und dominierenden Einzelpflanzen ab. Es ist nicht
immer einfach, in dieser Vielfalt die
Pflanzen zu entdecken, die nicht hinein-
gehören und vielleicht irgendwann die
ausgeklügelte Pflanzplanung stören.

Kerngruppenpflanzung

Die Kerngruppenpflanzung kann eine
Anwendung komplementärer, starker
Farbkontraste oder gestufter Farbtöne
sein. Sie werden in einer stimmigen
Gruppe vereint, die den Baustein einer
Pflanzplanung darstellt. Ein Beispiel:
Silbergraue Perlkörbchen (*Anaphalis*

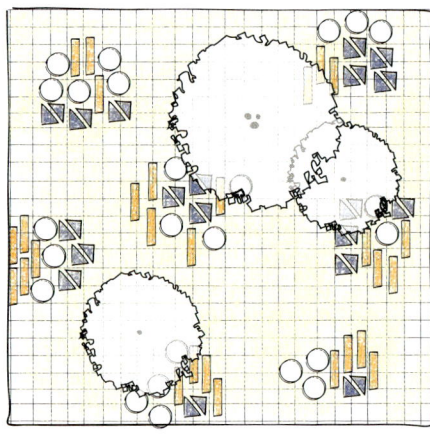

Kerngruppenpflanzung

triplinervis) und rotbraune Fetthenne
(*Sedum* 'Matrona'), ergänzt um bleichgel-
be Mädchenaugen (*Coreopsis verticillata*
'Moonbeam'). Auch die Blattformen
dieser Pflanzung sind kontrastreich. Über
die Pflanzfläche gestreut, entstehen
strukturierende Akzente, die „Kerne" der
Pflanzung.

Innerhalb der einzelnen Kerngruppen
sorgen jeweils veränderte Artmengen-
anteile für die nötige Abwechslung. Dazu
tragen auch höhere, raumgliedernde
Begleiter bei, die neben die Kerngruppen
gestellt werden (wie Gräser, Gehölze,
Skulpturen). In einem folgenden Schritt
schließen ergänzende Arten mit „Brü-
ckenfunktion" (das können *Geranium*, im
Schatten *Epimedium* sein) die noch
unbesetzten Lücken. Die Pflanzplanung
kann sehr schnell gehen, wenn man
auf Erfahrungen bei der Zusammenstellung der Kerngruppen zurückgreifen
kann. Man muss sich auf die Blühdauer,
die Standfestigkeit, eine möglichst lange
Vegetationszeit und Lebensdauer der
beteiligten Arten verlassen können.

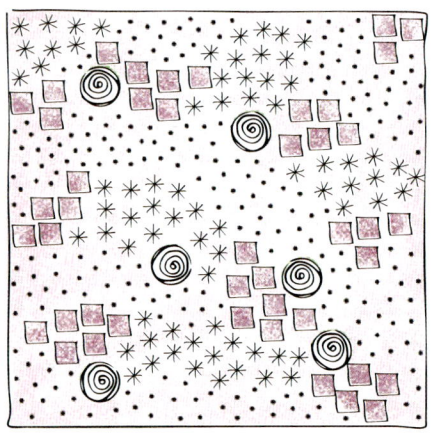

Pflanzung nach
Gesellligkeitsstufen

Mischpflanzungen

Wie der Name nahelegt, handelt es sich hier um eine (scheinbar) zufällige Artenmischung. Trotzdem müssen geeignete Arten und ihre Mengenanteile festgelegt werden, das schränkt die Zufälligkeit ein. Je nach gewünschter Aussage können Mischpflanzungen „bunt" oder „Ton in Ton" ausgelegt sein. In jedem Fall müssen alle beteiligten Pflanzen den vorhandenen Standortbedingungen entsprechen. Wie es funktionieren kann, zeigt das Planbeispiel „Garten der Besinnung" ab Seite 96 ff., das eine Mischpflanzung enthält. Ein Teil der dort geplanten Arten wird nicht gleichmäßig gemischt. Ihre Stückzahlen ändern sich über die Pflanzfläche hinweg (Farbverlauf). So wie andere Pflanzweisen auch, lassen sich Misch- und Verlaufspflanzung gut miteinander verknüpfen.

Oben
Vorbild Wiese:
Effektvolle Artenmischung, wenngleich ohne erkennbare Flächenstruktur.

Mischpflanzung

Die Mischpflanzung – als Prinzip oben in der Skizze verdeutlicht und rechts beim Sommerflor angewendet – verzichtet auf geplante Pflanzenzuordnungen, Flächenmuster und Höhenstaffelungen.

Aspektpflanzungen

Der aus der Vegetationskunde stammende Begriff des „Aspektes" beschreibt einen Zeitabschnitt, in dem ein Pflanzenbestand durch wenige Arten, aber sehr zahlreich vorhandene Individuen ein prägnantes Aussehen erhält. Daran sind überwiegend Farben beteiligt, nämlich die der Blüten, der Herbstblätter oder Fruchtstände dominierender Arten. Der Waldboden bietet im Frühling mit seinen Anemonenteppichen solche Aspekte und in Wiesen sind es die zeitlich aufeinander folgenden Farbwellen, die anschauliche Beispiele liefern. Auf das Gelb im April (Löwenzahn-Blüten) und Mai (Blütenstände des Scharfen Hahnenfußes) folgt ein Blau-Weiß-Aspekt im Juli/August, hervorgerufen durch Wiesen-Storchschnabel und Wiesen-Bärenklau. Was liegt näher, als solche Aspekte mit ausgewählten Arten in hohen Stückzahlen (Aspektbildnern) auch in gestalteten Pflanzungen umzusetzen? Sie überzeugen insbesondere auf größeren Flächen

Löwenzahnwiese: Wenige, in jahreszeitlichen Abschnitten dominierende Pflanzen schaffen prägnante Farbaspekte.

Aspektpflanzungen im Garten sorgen für spektakuläre Vegetationsbilder, die von anderen abgelöst werden können (Aspektfolge).

und sind ein wichtiges Gestaltungsmittel überall dort, wo eine Höhenstufung – die eine vertikale Rangfolge bedeutet – nicht vorgesehen ist. Das betrifft vor allem wiesenähnliche Bestände. In solchen Aspektpflanzungen können dominierende Pflanzen einander „nahtlos" ablösen, aber die Fläche muss nicht jede Woche spektakulär besetzt sein.

Aspektfolge

Farbnachfolger

Die eher kurzlebigen Farbereignisse bei Pflanzen stellen eine Herausforderung für den Planer dar. Man ist dann angehalten, über mögliche **Farbnachfolger** nachzudenken. So können weiße Rittersporne (Juni) von weißen Stockrosen (Juli/August) abgelöst werden. Nicht notwendig ist das bei Gewächsen mit langer Blühdauer, z.B. beim weißblühenden Fingerstrauch (*Potentilla fruticosa* 'Abbotswood'), dessen Blütezeit von Mai bis Oktober reicht.

Bei einigen Stauden geht nicht nur ein Farbereignis zu Ende, sie ziehen zudem ihre oberirdischen Teile vollständig ein. Typische Vertreter sind die frühjahrsblühenden Zwiebel- und Knollengewächse. Anders spät austreibende Arten, die lange auf sich warten lassen. Überall dort, wo früh einziehende oder spät austreibende Stauden flächig verwendet werden, treten Kahlstellen auf, die einen Großteil der Vegetationsperiode vorhalten können. Solche „Durchhänger" sollte es nicht geben, schließlich sind es ungenutzte Möglichkeiten. Unbegrünte Bodenflächen kommen auch in der Natur nur selten vor. Mit Hilfe der **„Folgestaudenpflanzung",** also der Zuordnung oder flächigen Mischung von Arten mit kurzem, sich ablösendem Vegetationszyklus, lassen sich störende Farbenlöcher stopfen.

Frühling

Die vorgeschlagenen Folgestaudenpflanzungen sind flächige Mischungen, weil mindestens eine der beteiligten Pflanzen die Tendenz zur Ausbreitung hat. Andere Stauden stehen zuverlässig „auf der Stelle" und können wahlweise gemischt oder als Einzelpaare zum Einsatz kommen. Ein gut funktionierendes Beispiel: der früh austreibende Türkische Mohn (*Papaver orientale*), der sich nach der Blüte im Juni weitgehend zurückzieht und vom unmittelbar benachbarten Ungarischen Bärenklau (*Acanthus hungaricus*) abgelöst wird. Dieser breitet seine dekorativ geschnittenen Blätter über den

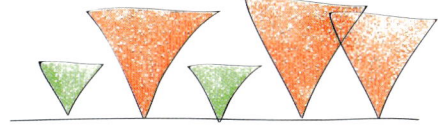

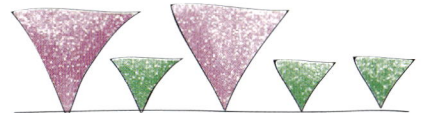

Farbnachfolger

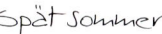

Spätsommer

frei gewordenen Platz aus, um ihn bis zum Winterausgang mit zwar trockenen, aber immer noch ansehnlichen Blütenkerzen zu schmücken.

Beispiele für Folgestaudenpflanzungen

- ✧ Im schattigen Waldstaudengarten ziehen die Blätter der im Februar/März gelb blühenden Winterlinge (*Eranthis hyemalis*) vor den spät im Mai treibenden Funkien (*Hosta*) ein; für den Winterling können auch Stern-Anemonen (*Anemone blanda*) oder Blausterne (*Scilla siberica*) stehen.
- ✧ Im sonnigen Beet sind Narzissen gute Vorläufer für spät treibende Taglilien (*Hemerocallis*) und Gräser wie Rutenhirse (*Panicum virgatum*) und Chinaschilf (*Miscanthus sinensis*).

Farbnachfolger: Staudenmohn im Frühsommer, anschließend *Akanthus*.

Stufen des Entdeckens

Farbkompositionen können auch Temperamente, Stimmungen, Elemente oder
Anderes darstellen. Man hat die Möglichkeit, das Thema einer Pflanzung so zu
„verpacken", dass sich die Entwurfsidee
dem Betrachter in mehreren „Stufen des
Entdeckens" erschließt, die mit zusätzlichen Informationen verbunden sind.
Bei folgendem, einem bekannten Musiker gewidmeten Beispiel wirkt die Pflanzung verschiedenartig auf unterschiedliche Betrachter:

✦ Die Pflanzung spricht grundsätzlich
an, eine stilisierte Note in Stahl-
blech weckt Assoziationen zur
Musik.

✦ Die Darstellung einer Notensequenz
ist für diejenigen verständlich, die
Noten lesen können.

✦ Kenner seines Werkes schließlich
entdecken darin den Musiker selbst.

✦ Fazit: Man sieht nur, was man weiß;
ohne für Nichtwissen bestraft zu
werden! Wer (noch) nichts weiß,
nimmt mindestens einen guten Eindruck mit.

Dazu ein Beispiel: Zu skulpturalen Ob-
jekten beschnitten, beeindrucken die
mehr als 150 Jahre alten Eiben jeden
Besucher von Packwood House am Süd-
rand von Birmingham (Großbritannien).
Und zwar unabhängig von dem Wissen
darum, dass in diesen düsteren Pflanzengestalten die Darstellung der Bergpredigt
gesehen werden kann: Die auf einer
Anhöhe ganz oben platzierte Eibe als
Symbol für Christus, umgeben von prägnanten „Apostel"figuren auf den Terrassen darunter, tiefer schließlich das „Volk"
in vielfältigen Schnittformen. Wer das
weiß, wird sich der Situation anders
nähern, sie tiefer und nuancenreicher
erfahren. Aber auch für den unbefan-
genen Betrachter wird sich ein Besuch
lohnen.

Stufen des
Entdeckens:
Auch wer den
biblischen Hinter-
grund (zunächst)
nicht kennt, wird
sich der Wirkung
der formgeschnit-
tenen Eiben in
Packwood House
(Warwickshire,
GB) nicht entzie-
hen können.

Stufen der Erlebnisqualität

Gewöhnlich beeindrucken die Farben und Formen von Pflanzen und Pflanzennachbarschaften auch ohne besondere Kunstgriffe. Gleichwohl werden Planende und Pflanzende versuchen, Pflanzen und Pflanzungen bestmöglich zur Wirkung zu bringen. Es ist hilfreich, die hier möglichen „Stufen der Erlebnisqualität" zu berücksichtigen und im Einzelfall bis zum Ende zu gehen:

- ○ Man genießt die Ästhetik der Pflanze „an sich" und sucht nach neuen Eindrücken. Das ist die **Stufe des Auswählens und Sammelns.**

Erlebnisqualität (1): Am Anfang des Gärtnerns steht die Freude an Farbe und Form einzelner Pflanzen; hier ist es der in farblich passender Umgebung zelebrierte schwachwüchsige Weißbunte Zaun-Giersch (*Aegopodium podagraria* 'Variegata').

Erlebnisqualität (2): Gezielte Pflanzennachbarschaften steigern die Wirkung der beteiligten Partner (Stufe der Zuordnung).

andere Botschaft. Die Aufteilung der Pflanzfläche folgt einer Gestaltungsidee. Damit ist **die Stufe der Integration** erreicht, welche die Pflanzung „wie aus einem Guss" wirken lässt.

○ Es gibt noch eine weitere Möglichkeit, der Pflanzung einen zusätzlichen „Kick" zu verleihen. Das wird erreicht, wenn die Gestaltungsabsicht gebrochen wird – allerdings nur im Detail, das eigentliche Thema darf nicht ins Wanken geraten! Das Ergebnis: Mehr Spannung, gleichzeitig wird das eigentliche Anliegen der Pflanzung noch deutlicher. Der Weg dahin könnte ein „falscher" Farbton sein oder ein schräg

gestelltes Beet, das aus der geradlinigen Reihung der anderen ausbricht, um deren Symmetrie hervorzuheben. Wenn heitere und freche Farben einen düsteren, bedrohlichen Punkt enthalten – etwa einen schwarzen Basaltblock oder die „schwarzblühende" *Iris* 'Black Knight' –, mag das nachdenklich stimmen, macht aber gleichzeitig das Leichte wichtig. Einige der ab Seite 72 ff. vorgestellten Planbeispiele enthalten solche oft als provokativ empfundenen Einzelelemente, die außer durch Pflanzen immer auch über das Interieur verkörpert werden können **(Stufe der Provokation).**

Erlebnisqualität (3):
Die „Stufe der Integration" stellt überzeugende Zusammenhänge innerhalb der Pflanzung und zum Garteninterieur her.

○ Versuche, die Wirkung von Farben und anderen pflanzlichen Gestaltwerten durch gezielt gegensätzliche oder variantenreiche Nachbarschaften zu steigern, führen zur **Stufe der Zuordnung.**

○ Ein nächster Schritt bezieht bei allen Pflanzvorhaben die Pflanzung und das Interieur insgesamt ein. Sie soll nicht zufällig entstehen, sondern eine gewollte Gestaltqualität erhalten. Das kann ein Farbthema sein, das eine Stimmung vermittelt, aber auch eine

Erlebnisqualität (4): Ein „aus der Reihe tanzendes", farb- oder formfremdes, scheinbar unpassendes Detail weckt Widerspruch (Stufe der Provokation), erzeugt Spannung und verstärkt das (immer noch dominierende) Ausgangsthema.

Minimalismus:
Hier prägen nur wenige,
umso sorgfältiger aus-
gewählte Pflanzenformen
den wohnlichen Garten-
raum, unterstrichen durch
das Blütenweiß des
Johanniswedels, *Aruncus
dioicus* (Planungsbüro
Stock + Partner, Jena).

Minimalistische Pflanzkonzepte

„Minimalismus" heißt, die gewünschte Aussage eines Vegetationsbildes mit wenigen Pflanzen und Werkstoffen auf das Wesentliche zu reduzieren. Dieses Thema erschließt sich durch intensives Betrachten und eignet sich deshalb insbesondere für intime private Außen-räume, wie Innenhöfe und Terrassen. Reduktion wiederum bedeutet, aus einer gebotenen Pflanzenfülle genau das Richtige und Bestmögliche herauszufil-tern, nicht die Beschränkung von Anfang an. Denn je weniger Pflanzen zum Ein-

satz kommen, umso mehr muss man sich auf die einzelne verlassen können, und zwar über lange Zeiträume. Das herauszufinden erfordert umfassende Pflanzenkenntnis. Minimalismus ist keinesfalls die vermeintlich ideale Lö-sung für Einsteiger! Auch nicht für Pflan-zensammler, denn minimalistische Pflanzkonzepte leben durch ihre sorgfäl-tig ausgelesenen und punktgenau plat-zierten Pflanzen oder Steine. Den Prozess des Auswählens und Reduzierens kann man an an den Planbeispielen „Schat-tiger Waldweiher" und „Versunkene Farben" auf den Seiten 88 und 92 nach-vollziehen.

Pflanzpläne nach Farbideen

Nun gilt es, die zuvor erläuterten Farb- und Gestaltungstheorien in die Planung umzusetzen. Dafür wurden exemplarisch fünf Gartensituationen mit Besonderheiten hinsichtlich Standort, Anforderungen der Gartennutzer oder anderen Vorgaben ausgewählt. Anhand der planerischen Lösung vorgegebener Situationen kommen die „erlesenen" Grundsätze der Farbgestaltung hier zur Anwendung.

Die Fortschreibung einer Pflanzidee über einen gezeichneten Plan bis zur Ausführung und Pflege wirft die Frage nach den geeigneten Pflanzen auf. Die rasche Entscheidung für einige Lieblingspflanzen lässt andere ungerechtfertigt außen vor und vernachlässigt, dass die persönlichen Favoriten an dieser Stelle möglicherweise nicht die passendsten sind. Deshalb steht zu Beginn die Frage: „Wie muss die Pflanze aussehen, die an dieser Stelle gebraucht wird?" Anschließend wählt man eine Anzahl Pflanzen aus, die den gewünschten Kriterien entsprechen, zugleich aber mit den Gegebenheiten des Standortes zurechtkommen. Hierbei können neben den eigenen Pflanzenkenntnissen und den Erfahrungen anderer Pflanzenkataloge auch Bücher oder Pflanzendatenbanken helfen.

Nicht alle aus dem Katalog zusammengesuchten Pflanzen des gleichen Farbtons wachsen auch gut nebeneinander. Dass Wasser-Schwertlilie (*Iris laevigata*) und Rittersporn beide blau blühen, ist kein hinreichender Grund, sie zu Nachbarn zu machen. Ihre Standortansprüche sind völlig verschieden – wer das nicht berücksichtigt, muss mit Ausfällen rechnen.

Aus der entstandenen Auflistung kann nun eine Auswahl getroffen werden. Dabei ist es unerlässlich, in die Umsetzung der Gestaltungsidee die Umgebung einzubeziehen. Form, Farbigkeit und Oberflächenqualität von Skulpturen,

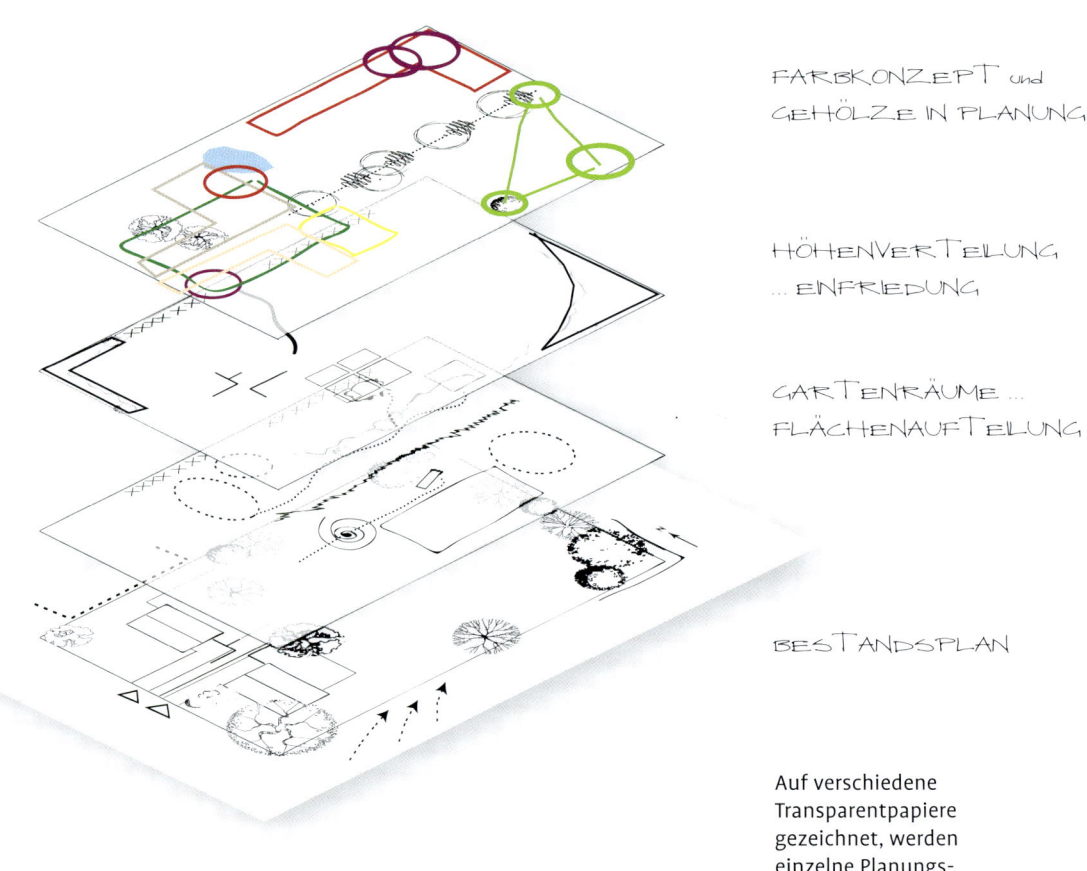

FARBKONZEPT und
GEHÖLZE IN PLANUNG

HÖHENVERTEILUNG
... EINFRIEDUNG

GARTENRÄUME ...
FLÄCHENAUFTEILUNG

BESTANDSPLAN

Auf verschiedene Transparentpapiere gezeichnet, werden einzelne Planungsschritte deutlich.

Kleinarchitekturen, Naturstein, Metall oder Holz sollten nicht dem Zufall überlassen werden, vielmehr überzeugender Teil des Pflanzkonzepts sein.

Wer einen **Pflanzplan** – beginnend mit den dominantesten Pflanzen, Pflanzengruppen oder Beetaufteilungen – schrittweise aufbaut, schafft visualisierte Grundlagen, die gleichzeitig hilfreiche Festpunkte für die nächsten Schritte darstellen. Bei Entwürfen auf verschiedenen Transparentpapieren können einzelne Planungsschritte – Grundlagenplan, Flächenaufteilung, Höhenstufung, Farbvorstellungen – beliebig übereinandergelegt oder ausgetauscht werden.

Im Folgenden soll an fünf sehr unterschiedlichen Beispielen gezeigt werden, in welchen Denkschritten ein Pflanzplan entstehen kann. Dabei sollten diese

Planbeispiele keinesfalls als deckungsgleich anwendbare „Rezepte" aufgefasst werden, zumal die verfügbaren Pflanzensortimente sich ändern und die Wachstumsbedingungen nicht beliebig übertragbar sind. Es geht vielmehr darum, die Pflanzplanung in nachvollziehbaren Schritten zu veranschaulichen. Nur so kann sich ein Grundverständnis einstellen, das zu eigenem Handeln ermuntert, konkrete Gartensituationen ausreichend berücksichtigt und keine persönlichen Wünsche offen lässt.

Wenn auch nicht die Pflanzungen selbst, so können doch die dahinter stehenden Gestaltungsregeln der Kontrastsetzung und des Ausgleichs, der Zu- und Rangordnung, der Wiederholung und Veränderung mit den jeweils standortgeeigneten Pflanzen an jeden beliebigen Ort übertragen werden.

Exkurs *Wozu braucht man einen Pflanzplan?*

Der Pflanzplan gibt darüber Auskunft, welche Pflanzen in welchen Stückzahlen und Qualitäten (= Liefergrößen) – das ist vor allem bei Gehölzen aus der Baumschule wichtig – wo platziert werden sollen.

Die Darstellungsweise sollte deutlich zwischen flächig wachsenden, niedrigeren Pflanzengruppen (dargestellt durch zurücktretende Schraffuren) und höher herausragenden, dominierenden Pflanzen (dargestellt durch auffällige Einzelsignaturen) unterscheiden.

Für die Gestaltung mit Farben sind Farbverteilungspläne nützlich, die in der Regel wegen der artverschiedenen Blühdauer für mehr als nur einen Zeitpunkt benötigt werden.

Planbeispiel 1
Garten des Lichts

A

Strukturstarkes Reitgras und
„harte" Palmlilie gegen „weichen"
Woll-Ziest.

B

Figur-Grund-Kontrast:
Palmlilie – Storchschnabel.
Farbspiel: Perlkörbchen
(grau) – Pflaster (grau).

C

Blütenquirle des Brandkrauts und
Silberdisteln.

D

E

F

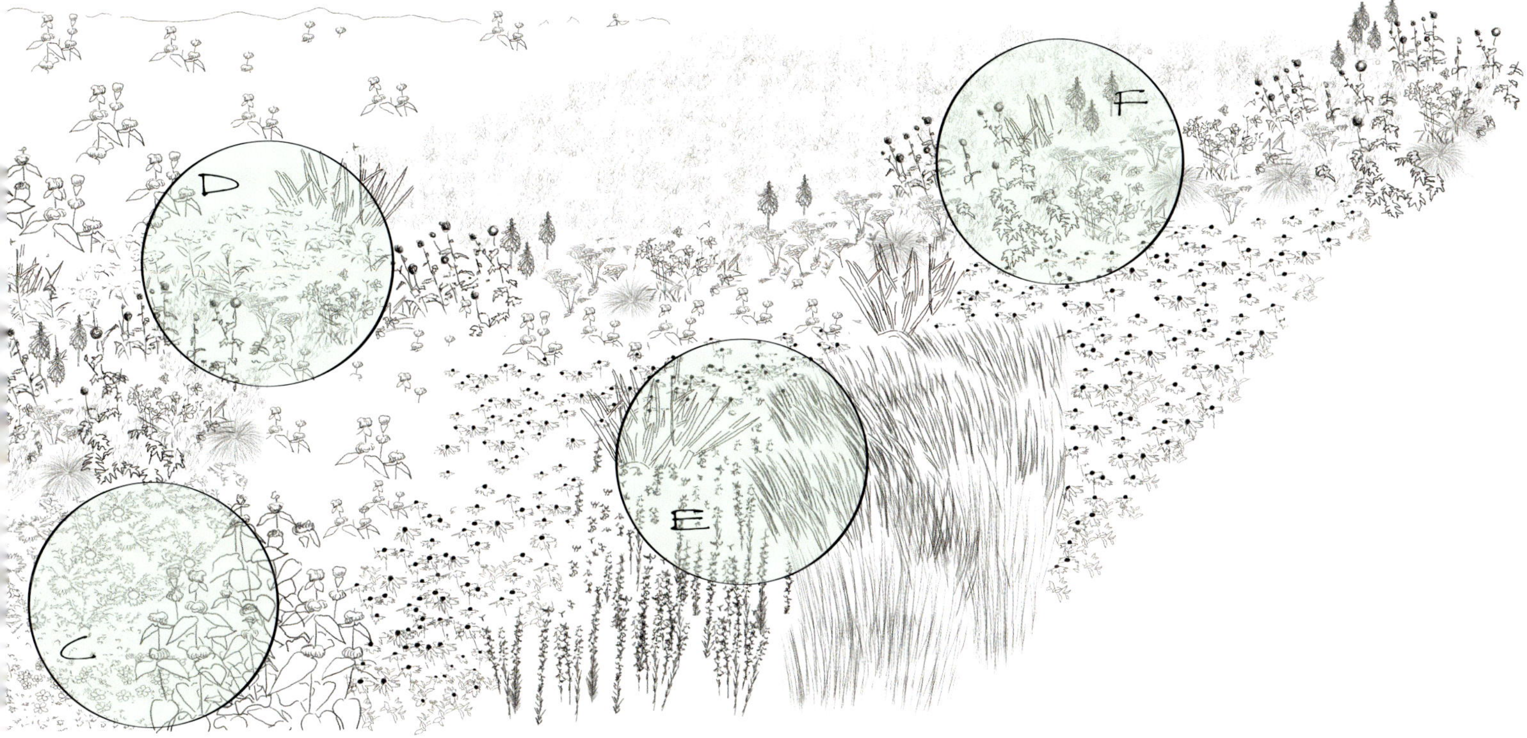

D

Mischpflanzung: Perlkörbchen,
Kugeldistel, Taglilie, Goldgarbe;
die strukturstarke Yucca hält
dagegen.

E

Reitgras, Prachtscharte und
Sonnenhut.

F

Mischpflanzung: Fackellilie, Kugeldistel und Goldgarbe über feingliedrigem Mädchenauge.

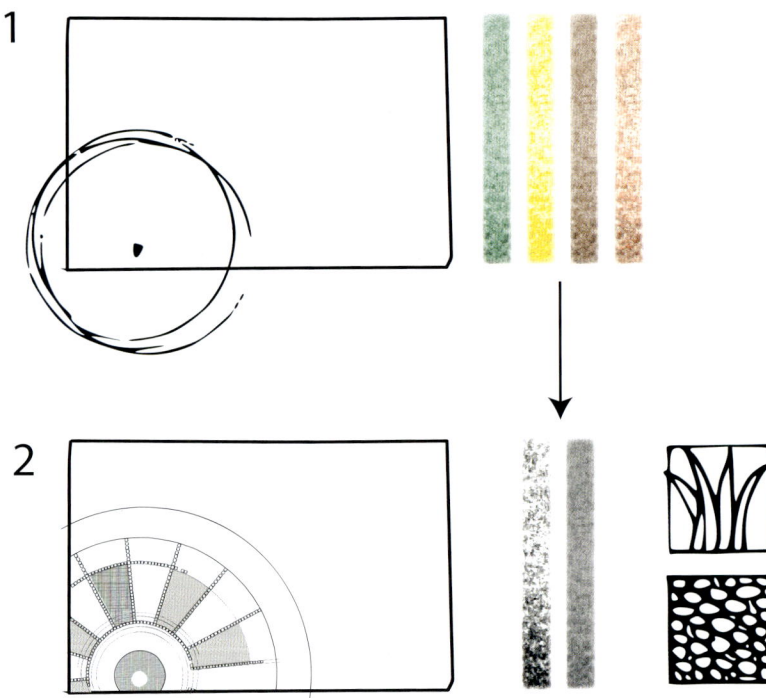

1

2

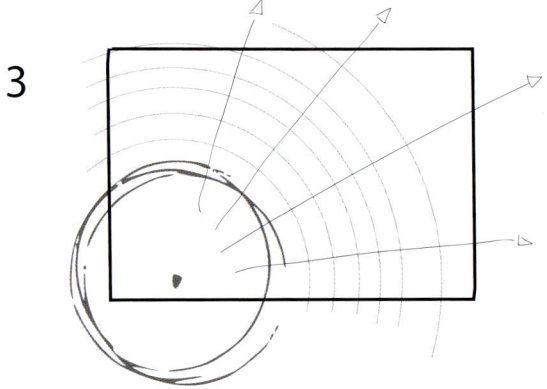

3

Idee
Planschritt 2

Vorgefundene Gegebenheiten standen Pate für eine kreisförmige, den Baumgrundriss wiederholende Platzkontur. Der hellgraue Pflasterkreis (Granit) wird durch schwarze, radial angeordnete Pflasterstreifen und -segmente (Basalt) strukturiert, die zugleich einen kräftigen Kontrast zur gelb blühenden Blasenesche herstellen. Um das Thema „Schwarz" zu variieren und einen zusätzlichen Akzent auf die Pflanzenverwendung zu legen, wird ein für die Platznutzung weniger wichtiges Basaltsegment aus dem Belag ausgespart. Hier wird der Stein durch den Schlangenbart *Ophiopogon planiscapus* 'Nigrescens' ersetzt. Das Maiglöckchengewächs beeindruckt durch grasartig schmale, ganzjährig (fast) schwarze Blätter, die eine dichte Bodendecke bilden.

Situation
Planschritt 1

Ausgangspunkt für diesen Sitzplatz ist eine vorhandene Blasenesche (*Koelreuteria paniculata*), ein Kleinbaum mit Fiederblättern und schirmförmiger Krone. Im Sommer von gelben Blütenständen überdeckt, fallen anschließend die blasig aufgetriebenen Früchte, später die gelben und orangebraunen Herbstblätter auf.

Gestaltung
Planschritt 3

Die Lineatur der dunklen Pflasterbänder wird aufgegriffen und innerhalb der Pflanzung fortgesetzt. So entsteht ein ganzheitlicher Eindruck (Stufe der Integration). Damit die Grenzen der Flächenfiguren langfristig nicht „aufweichen", sollte man auf Pflanzen mit Ausläufern oder breit lagerndem Wuchs verzichten.

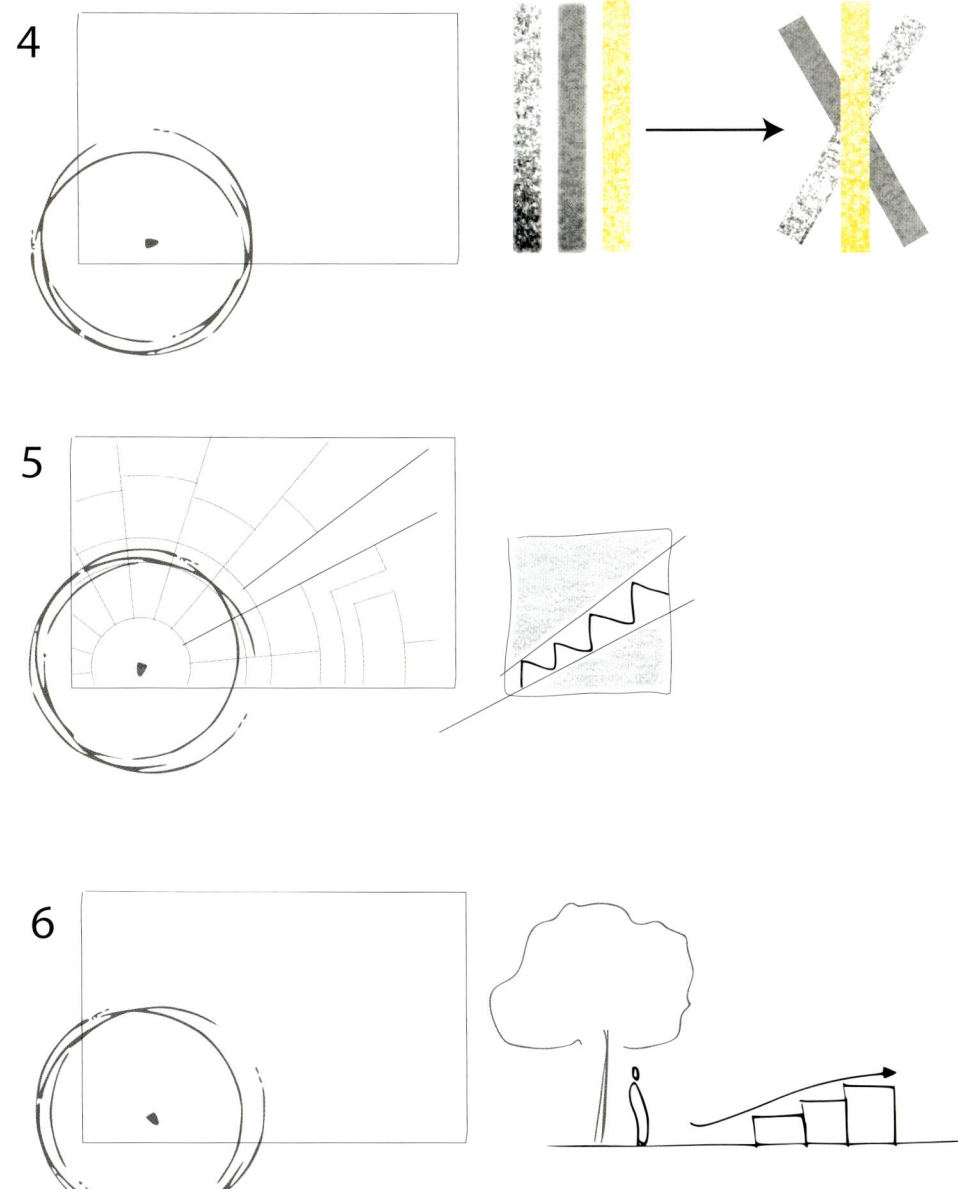

Planschritt 4

Die vorhandenen Farben Schwarz, Grau (Pflaster) und Gelb (*Koelreuteria*) lassen verschiedene Farbvarianten für die Pflanzung zu. Um einen Kontrast zu den schwarzen Pflastersegmenten zu haben, gleichzeitig die gelben Baumblüten und das Grau der Pflasterfläche zu wiederholen, entsteht eine Pflanzplanung, die graulaubige, weiß oder gelb blühende Pflanzen favorisiert. Die Umsetzung ist auf der sonnigen und trockenen Fläche problemlos möglich. Das auffällige Gelb sollte eher sparsam oder in abgeschwächter Form (Weißlichgelb, Gelbgrün, Schwefelgelb) verwendet werden.

Planschritt 5

Das Segment E ist vergleichsweise schmal, deshalb das einzige, das ungeteilt bleibt. Ein deutlich außerhalb der Mitte liegendes Band bildend, wird es zur flächengliedernden Linie, durch eine besondere Form der Bepflanzung zum markanten Blickziel. Die Einzelheiten können erst später geplant werden, weil die grundlegende Umgebungspflanzung noch unklar ist.

Planschritt 6

Das entstehende Farbmuster soll aus der Fußgängerperspektive erfasst werden können. Deshalb liegen die Wuchshöhen der ausgewählten Pflanzen bei etwa 50 cm +/- 20 cm. Sind die Wuchshöhen zu verschieden, werden einzelne Arten verdeckt. Ganzjährige Wirkung ist wichtig – auch durch Herbstfärbung und winterstabile Pflanzengestalten. Andernfalls würden aufgrund der blockartigen Flächengliederung zeitweilig große Kahlstellen entstehen.

7

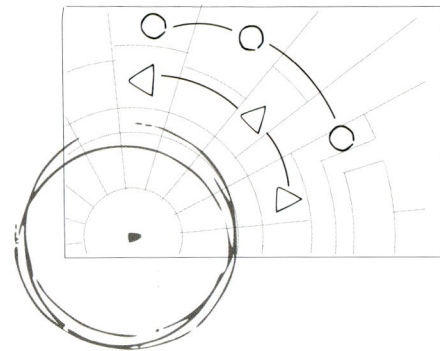

Planschritt 7

Damit die Fläche dem Betrachter ein optisches **„Trittmuster"** bietet, das die Pflanzung zusammenhält, tauchen einige Pflanzen wiederholt auf. Sie schlagen Brücken auch über das „einschneidende" Band (Segment E) hinweg. Diese Funktion erfüllen hier:

- ☼ **Garten-Reitgras** (*Calamagrostis × acutiflora* 'Karl Foerster'): straff aufrecht durch den Winter, danach schnell wieder grün.
- ☼ **Brandkraut** (*Phlomis russeliana*): gelbe Blütenquirle, Fruchtstände aufrecht durch den Winter, Blattteppich ganzjährig ansprechend.
- ☼ **Storchschnabel** (*Geranium sanguineum* 'Album'): weiße Schalenblüten über feingliedrigem Blattwerk.

8

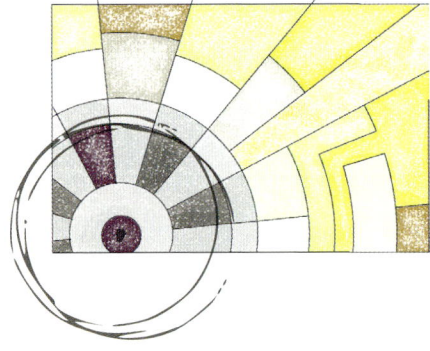

Planschritt 8

Nun können die Restflächen besetzt werden, nur Segment E muss noch offen bleiben. Neben den Blüten- und Blattfarben sind auch die Formen des Blattwerks (fein-/grobgliedrig) zu berücksichtigen, insbesondere der benachbarten Pflanzen.

9

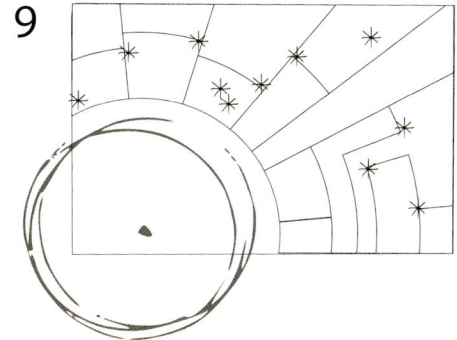

10

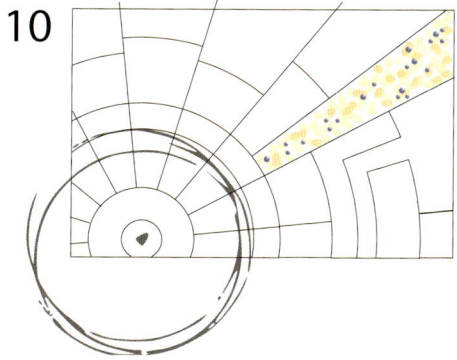

Planschritt 9

Die Pflanzung braucht aufgrund ihrer geringen Höhenunterschiede noch eine **räumliche Struktur**. Die Funktion einer wiederholt zu verwendenden, raumgliedernden Einzelpflanze dürfte durch Palmlilien (*Yucca filamentosa* 'Elegantissima') „hervorragend" erfüllt werden. Die straff ausstrahlenden Blatthorste sind immergrün, darüber erheben sich im Sommer monumentale, mannshohe Blütenstände mit glockenförmigen,

weißen Einzelblüten. Pflanzen mit zugleich verbindender Wirkung werden locker über die Fläche „gestreut". Damit entsteht ein spannungsvoller Kontrast zur formal gegliederten Grundpflanzung.

Planschritt 10

Nachdem die Pflanzung im Wesentlichen steht, kann über **Segment E** als gliederndem, aber auch abweichendem Band nachgedacht werden. Es soll in diesem Detail bewusst vom grundlegenden Gestaltungsansatz abweichen **(Stufe der Provokation).** Hierdurch wird dieser nicht nur noch deutlicher, vielmehr gewinnt die Pflanzung zusätzlich an Spannung. Für eine besondere Gestaltung eröffnen sich mehrere Möglichkeiten:

- ⟳ Abweichen vom formalen Gestaltungsprinzip durch eine Mischpflanzung, die keine konkreten Pflanzorte zuweist. Die beteiligten Arten ergänzen sich in Blütenfarben und Wuchsformen, z.B. im Wind wiegende Prachtkerze (*Gaura*) neben straff aufrechter Fackellilie (*Kniphofia*).
- ⟳ Das Band darf etwas höher als die Umgebung sein, das lässt es deutlicher werden. Da es in Blickrichtung verläuft, wird es dennoch nicht stören.
- ⟳ Einbringen einer „neuen" Farbe, die im Konzept nicht vorgesehen war (blaue Kugeldistel, *Echinops ritro* 'Veitchs Blue').
- ⟳ Ebenfalls neu ist der Planungsaspekt der **„Verlaufspflanzung",** dabei sollen

sich die Kugeldisteln mit zunehmender Entfernung vom Sitzplatz verdichten, um einen perspektivischen Eindruck zu erwecken. Damit das so umgesetzt werden kann, müssen die Standorte der Einzelpflanzen – im Gegensatz zu den Arten der Mischpflanzung – eingezeichnet werden. Ein weiterer Gegensatz: Einzelne Kugeldisteln „dürfen" die Begrenzung verlassen.

Ereignisliste

Wie wird sich die geplante Pflanzung über ein Jahr, vielleicht auch mehrere Jahre hinweg darstellen? Eine Ereignisliste anzufertigen zwingt, vorausschauend zu denken und dabei nicht nur auf Blütenfarben zu achten. Nun steigert die Aufeinanderfolge zwischen intensiv farbigen und farbärmeren Zeitabschnitten zwar die Dynamik und Wirkung des Vegetationsbildes, trotzdem tun länger anhaltende „Durchhänger" keiner Pflanzung gut; insbesondere auch denen nicht, die sie geplant haben und dafür Unzufriedenheit ernten. Dem beugt die Ereignisliste weitgehend vor, auch wenn manches unberücksichtigt bleiben muss, weil streckenweise Erfahrungen oder Angaben zu den Gestaltwerten von Pflanzen fehlen, die über Blütenfarben hinausgehen (z.B. Blattausdauer, Herbstfärbung, Wuchsform und Winterstabilität bei Stauden).

Art/Sorte	XII–II	III ✄	IV/V	VI/VII	VIII/IX	X/XI	Bemerkungen
Achillea 'Schwefelblüte'				FA			blüht gelb
	FO	.		FO			Blütenteller
Anaphalis triplinervis				FA			blüht weiß
	FA						silbergraue Blätter
Calamagrostis 'Karl Foerster'	FA				FA		blüht braun
	FO		FO				vertikale Wuchsform
Carlina acaulis	FA				FA		blüht silbrig
	B		B				interessantes Blattwerk
Coreopsis verticillata				FA			blüht lange gelb
			B				filigranes Blattwerk
Echinops ritro 'Veitchs Blue'				FA			blüht stahlblau
	FO			FO			kugelige Blütenstände
Gaura lindheimeri				FA			blüht lange weiß bis rosa
Geranium sanguineum 'Album'				FA			blüht weiß
	B		B				feingliedriges Laub
Hemerocallis 'Corky'				FA			blüht braun-gelb
				B			lineale Blätter
Kniphofia 'Canary'				FA			blüht intensiv gelb
				FO			vertikale Blütenstände
	B/FA						immergrüne Blattschöpfe
Koelreuteria paniculata				FA			blüht gelb
						FA	gelbes Herbstlaub
	FO						schirmartiger Wuchs
Liatris scariosa 'Alba'					FA		blüht spät weiß
					FO		straff aufrechter Wuchs
Narcissus 'Polar Ice'	FA						blüht früh weiß
Phlomis russeliana				FA			blüht weiß-gelb
	FO			FO			winterstabile Blütenstände
	B/FA						wintergrüne Blätter
Rudbeckia fulgida var. deamii				FA			blüht lange gelb
	FO			FO			imposante Blütenstände

Art/Sorte	XII-II	III ✂<	IV/V	VI/VII	VIII/IX	X/XI	Bemerkungen
Sporobolus heterolepis	FO				FO		grazile Blütenährchen
				B			lineale Blätter
Stachys 'Cotton Boll'	FA						silbrig-graue Blätter
	B						ausdauerndes, filziges Laub
Yucca filamentosa 'Elegantissima'				FA			blüht cremeweiß
				FO			imposanter Blütenstand
	B/FA						immergrüner Blattschopf
Pflastersegmente	FA						schwarz/grauer Basalt
	FO						Pflasterkreis/-keile

FA Farbereignis (Blüten, Früchte, Sommerlaub, Herbstfärbung)

FO Formprägnanter Wuchs (vertikal, horizontal, kugelig, sparrig, überhängend)

B durch Kontur, Größe, Glanz, Lineatur usw. markante Belaubung

✂< Rückschnitt, hier im Februar/März

III März, Vorfrühling

IV/V April/Mai, Frühling

VI/VII Juni/Juli, Sommer

VIII/IX August/September, Spätsommer/ Frühherbst

X/XI Oktober/November, Herbst

XII-II Dezember bis Februar, Winter

Exkurs *Was ist eine „Ereignisliste"?*

Sie liefert eine übersichtliche Darstellung der voraussichtlichen „Ereignisse" innerhalb der Pflanzung über das Jahr hinweg: Wann findet was statt?

Farbereignisse kommen durch Blüten, Früchte, farbiges Blattwerk (Sommer, Herbst) oder farbige Wintertriebe zustande; der Wuchs einzelner Pflanzen bedingt auffällige Formcharaktere (Kugel, Vertikalform, Bogenform); auch die Konturen großer Blätter können formprägend sein. Auch der für einige Arten typische und rege Blütenbesuch durch Bienen oder Falter ist ein „Ereignis".

Farben und Formen von Skulpturen, Steinen und Gartenmöbeln werden bewusst in das Pflanzbild mit einbezogen.

In Tabellenform oder für Zeitabschnitte beschrieben, kann der Jahresablauf beurteilt werden, um – falls nötig – die Pflanzenauswahl zu korrigieren.

Das Weiß der Narzissen wird ab Mai/Juni durch die weißblühende Storchschnabel-Sorte *Geranium sanguineum* ‘Album’, anschließend Prachtkerze (*Gaura*) und Prachtscharte (*Liatris*) bis Ende Oktober fortgesetzt. Sowohl die mannshohen, monumentalen weißen Blütenstände der Palmlilie (*Yucca*) als auch die straff aufragenden Blütenstände der Fackellilie (*Kniphofia* ‘Canary’) in „weichem“ Gelb werden von *Gaura* umspielt, die sich im leichtesten Windhauch wiegen. Gelb kommt ab Juni bis in den September vor und wird – neben *Kniphofia* – durch die Blüten der Blasenesche (*Koelreuteria*), die weißlichgelben Blütenquirle des Brandkrauts (*Phlomis*), die Blütensterne des Mädchenauges (*Coreopsis*) und den Sonnenhut (*Rudbeckia fulgida* var. *deamii*) mit seinen Zungenblüten mit schwarzer Mitte von Juli bis September, die bräunlichgelben Blütenrichter der Taglilie ‘Corky’, eine schwefelgelbe *Achillea*-Sorte und schließlich die Herbstfärbung der *Koelreuteria* (gelb bis orangebraun) vertreten.

Beim Laubwerk zeigt Silbergrau die größte Kontinuität (*Anaphalis*, *Stachys*); in der grafischen Wirkung stehen die trockenen silbergrauen Blütenstände von *Anaphalis* und *Carlina* darin nur wenig nach.

In unmittelbarer Gebäudenähe liegend, soll die Pflanzung auch im Winter interessant sein. Auch blattlos ist die Schirmkrone der Blasenesche – möglicherweise mit den lampionähnlichen Kapselfrüchten – prägnant genug. Besondere Erwähnung verdienen die straffen Blatthorste des Garten-Reitgrases (*Calamagrostis* × *acutiflora* ‘Karl Foerster’) neben den ganzjährig grünen Blattschöpfen der *Kniphofia* und *Yucca*, ebenso die über einem grünen Blattteppich aufragenden, winterstabilen Fruchtstängel des Brandkrauts und die ähnlich standfesten Kugeldisteln (*Echinops ritro* ‘Veitchs Blue’). Im Raufrost machen auch die zierlichen Tropfengräser (*Sporobolus*) und die schwarzen Kugelköpfe des Sonnenhutes eine gute Figur. Diesen raumprägenden Gestalten stehen die etwa kniehohen, auch im Winter noch dekorativen Blütenstände der Silberdistel (*Carlina acaulis* subsp. *caulescens*) und die silbergrauen Teppiche vom Perlkörbchen (*Anaphalis*) und Ziest (*Stachys*) gegenüber.

Die Ereignisliste ist dicht gepackt. Lediglich nach dem Rückschnitt gibt es bei einigen Arten im März und April unschöne „Löcher“. Lösung: die Stückzahl der Narzissen erhöhen (deren Blätter schon ab März sichtbar werden) und diese in die Lücken der betreffenden Arten setzen.

Pflege

Der Rückschnitt der Pflanzung erfolgt im Februar, um auf die Winterwirkung durch Fruchtstände (*Phlomis, Rudbeckia, Anaphalis* u.a.), formprägnante Pflanzen (*Calamagrostis* u.a.) nicht verzichten zu müssen. Dabei werden die grünen Blattschöpfe der *Yucca* und *Kniphofia* ausgespart. Sie dienen als ganzjähriger formstabiler Blickfang.

Pflanzplan Garten des Lichts

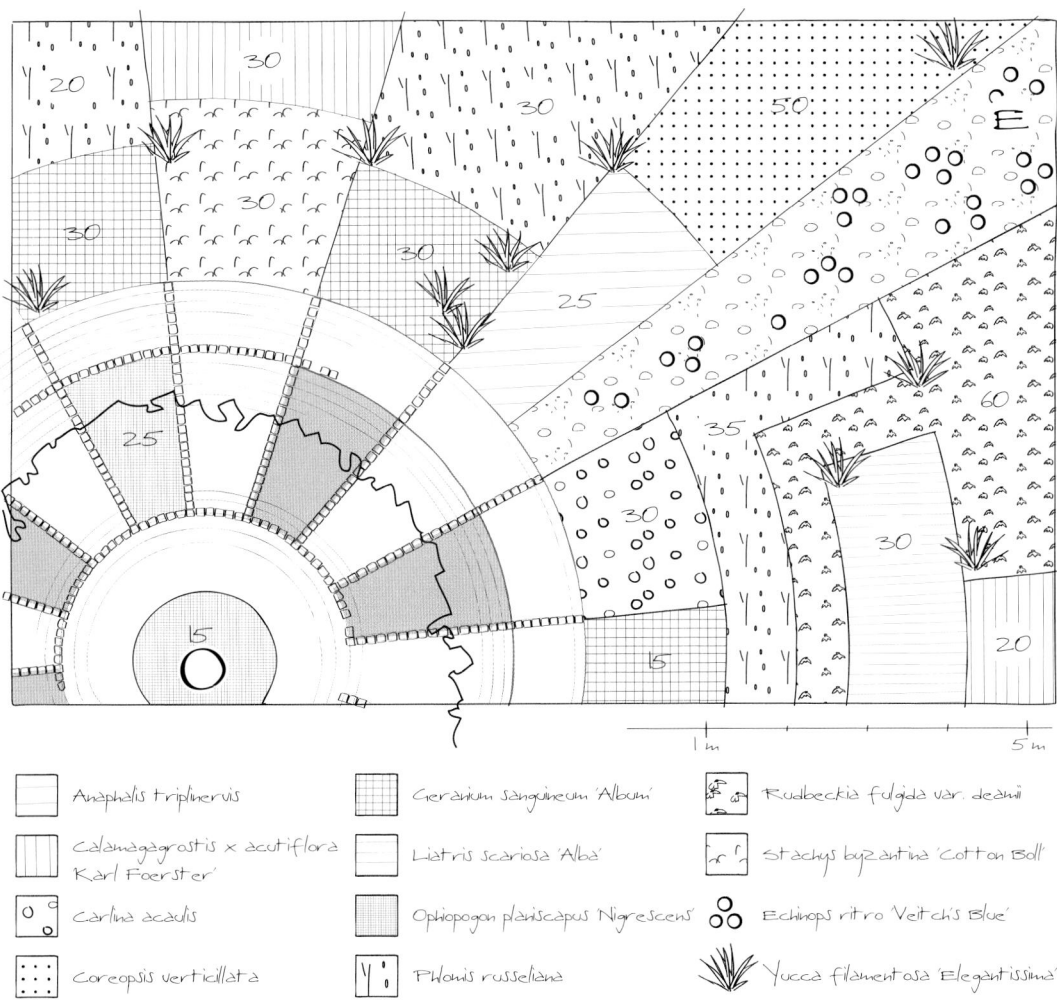

Anaphalis triplinervis	Geranium sanguineum 'Album'	Rudbeckia fulgida var. deamii
Calamagrostis x acutiflora 'Karl Foerster'	Liatris scariosa 'Alba'	Stachys byzantina 'Cotton Ball'
Carlina acaulis	Ophiopogon planiscapus 'Nigrescens'	Echinops ritro 'Veitch's Blue'
Coreopsis verticillata	Phlomis russeliana	Yucca filamentosa 'Elegantissima'

Mischpflanzung in Segment E 25 Achillea 'Schwefelblüte', 20 Hemerocallis 'Corky', 15 Kniphofia 'Canary', 10 Sporobolus heterolepis, 10 Gaura lindheimeri. Dazu 30 Echinops ritro 'Veitch's Blue' und 50 Narcissus 'Polar Ice'

Farbraster

Farben und Formen nehmen wir nicht losgelöst voneinander, sondern im Kontext wahr. Alle Gestaltungselemente und somit auch die Pflanzen besitzen eine charakteristische Farbverteilung. Diese „Muster" prägen jede Gartengestaltung – unabhängig davon, um welche Farbe es sich handelt. Im Garten des Lichts werden die Farben in unterschiedlicher „Auflösung" eingesetzt: *Carlina, Echinops* und *Calamagrostis* weisen vergleichsweise große Farbflächen auf, dementsprechend dominant können sie wirken. Bei Stauden wie *Phlomis* oder *Liatris* folgen die Farben stark den für diese Arten typischen Geometrien (Etagenwuchs, Rispenblüten). Im Gegensatz dazu sind die Farbaspekte von *Coreopsis* und *Gaura* eher unstrukturiert, Blüten- und Blattfarben vermischen sich hier. Die einzelnen Farbtöne in *Ophiopogon, Sporobolus* und *Stachys* sind so kleinflächig und der Farbausdruck derart hochaufgelöst, dass farblich ein ruhiger Gesamteindruck entsteht. Viele Blüten (hier: *Anaphalis*) enthalten verschiedene Farbtöne, die zusammen wirken und erst auf kurzer Distanz ins Auge fallen. Eine Besonderheit sind die stark reflektierenden Blätter von *Ophiopogon*, die umgebende Farben und Lichtverhältnisse aufnehmen.

Die Beschäftigung mit der Ereignistabelle und dem Farbraster macht deutlich, dass farbtheoretisches Wissen nur eine von mehreren Voraussetzungen ist, um farborientierte Pflanzungen erfolgreich planen und umsetzen zu können. Haben Sie Ihre Farbvorstellungen formuliert und geeignete Arten und Sorten zusammengetragen, sollten Sie am besten gleich die Ereignisliste ausfüllen. Hier lässt sich schnell ausmachen, welche wichtigen Farben in welchen Zeiträumen noch fehlen, vielleicht auch durch ein passendes Interieur ersetzt werden müssen. An anderer Stelle fallen mehrere farb- und zeitgleich blühende Pflanzen auf, die keine neuen Eindrücke liefern. Die Entscheidung zwischen drei zeitgleich gelb blühenden Arten fällt umso leichter, je mehr zusätzliche, über die Blütenfarbe hinausgehende Informationen zur Verfügung stehen. Die „nur" gelb blühende Art wird dann gestrichen, wenn andere darüber hinaus auch duften, eine markante Wuchsform haben, „windspielig" sind oder durch häufigen Insektenbesuch lebendiger wirken. Obwohl erst ab Seite 114 angesprochen, ist der „Blick über den Farbenrand" hier hilfreich. Gute, aus Jahrzehnten Firmenerfahrung erwachsene Baumschulkataloge bieten die umfassendsten Hinweise zu den Gestaltwerten von Bäumen und Sträuchern, während viele Staudenbetriebe noch immer vorwiegend auf Blütenfarben orientieren und ihr Wissen um besondere Wuchs- und Blütenstandsformen, Herbstfärbung, Standfestigkeit und dekorativen Wert im Winter nur hier und da an den Anwender weiterreichen. Sicher kein Grund, zu resignieren; das gepflanzte Ergebnis wird so (fast) immer nur noch besser sein als die Ereignisliste. Schließlich sind das die Überraschungen, die wir im Garten lieben; die Erfahrungen, die wir sammeln und austauschen wollen!

Ophiopogon planiscapus 'Nigrescens'

Phlomis russeliana

Rudbeckia fulgida var. deamii

Coreopsis verticillata

Liatris scariosa 'Alba'

Geranium sanguineum 'Album'

Anaphalis triplinervis

Carlina acaulis

Stachys byzantina 'Cotton Boll'

Calamagrostis x acutiflora 'Karl Foerster'

Yucca filamentosa 'Elegantissima'

Hemerocallis 'Corky'

Sporobolus heterolepis

Gaura lindheimeri

Echinops ritro 'Veitch's Blue'

Achillea 'Schwefelblüte'

Kniphofia 'Canary'

Narcissus 'Polar Ice'

Planbeispiel 2
Illusion „Schattiger Waldweiher"

Dieses Planbeispiel soll dazu anregen, ein neu anvertrautes Stück Erde – schon Garten oder noch nicht – zu erkunden und zu „ergründen"; bevor noch eine vorgefasste Idee umgesetzt, ein vorgefundener Baum gerodet, das unebene Gelände planiert und die Bodenlieferung beauftragt wird. Mit der Natur zu arbeiten und vorhandene Geländebedingungen zu nutzen bedeutet nicht nur, weniger Anlage- und Pflegekosten zu haben. Eine standortgerechte Pflanzenauswahl vorausgesetzt, entsteht vielmehr ein Vegetationsbild, das individueller nicht sein könnte. Warum den flachgründigen, steinigen Boden am Südhang mit Boden überdecken? Um hier das pflanzen zu können, was in allen Gärten wächst und auf die stimmungsvolle mediterrane Pflanzung ohne Zusatzbewässerung und „Unkraut"bekämpfung zu verzichten? Wer Standortbedingungen „verbessert", öffnet auch der sich ungewollt einstellenden „Spontanvegetation" Tür und Tor; muss also bereit sein, Mehrarbeit zu deren Ausgrenzung zu leisten. Es lohnt sich deshalb,

den Rat des Fachmanns einzuholen, um vielleicht doch noch den erträumten Rosengarten gegen etwas „Besonderes" einzutauschen. Gerade die zu trockenen, zu nassen, zu dunklen Gartenecken können mit den geeigneten, genau an diese Bedingungen angepassten Pflanzen mehr als nur begrünt werden – auch das zeigt dieses Planbeispiel. Selbst Sandböden bieten Möglichkeiten, die vom vielfarbigen Heidegarten bis zum umfangreichen Sortiment der Kartoffel-Rosen (*Rosa rugosa*) reichen.

Situation

Ein größerer, landschaftlich gestalteter Garten, bei dem früheres Baugeschehen eine Bodensenke hinterlassen hat, die mittlerweile von Laubbäumen überschattet wird. Dieser Bereich ist eher abgelegen, deshalb gibt es keinen Grund, die Mulde aufzufüllen. Hier bietet sich die ideale Möglichkeit, eine gestalterische Überraschung zu inszenieren. Schon jetzt hat dieser Platz durch die

abschirmenden Baumkronen einen intimen Charakter. Zu Rückzügen oder vertraulichen Gesprächen einladend, bietet der von hier mögliche Ausblick zum Haus gleichzeitig neue Perspektiven.

Idee

Die vorhandene Vertiefung könnte in einen Teich umgewandelt, das im Ansatz Vorhandene weiterentwickelt werden. Die Teichidee wird verworfen: Zusätzlicher Materialeinsatz (Foliendichtung), Wartungsaufwand und der Lichtbedarf der meisten Wasserpflanzen sprechen dagegen. Weitaus origineller erscheint der Gedanke, „Wasser" nur durch Pflanzen und andere geeignete „Zutaten" darzustellen.

Illusion „Schattiger Waldweiher", Pflanzplan. Das Gitternetz ist hilfreich, um die Stückzahlen der Pflanzen zu ermitteln; er erleichtert zudem das spätere Auslegen der Pflanzen.

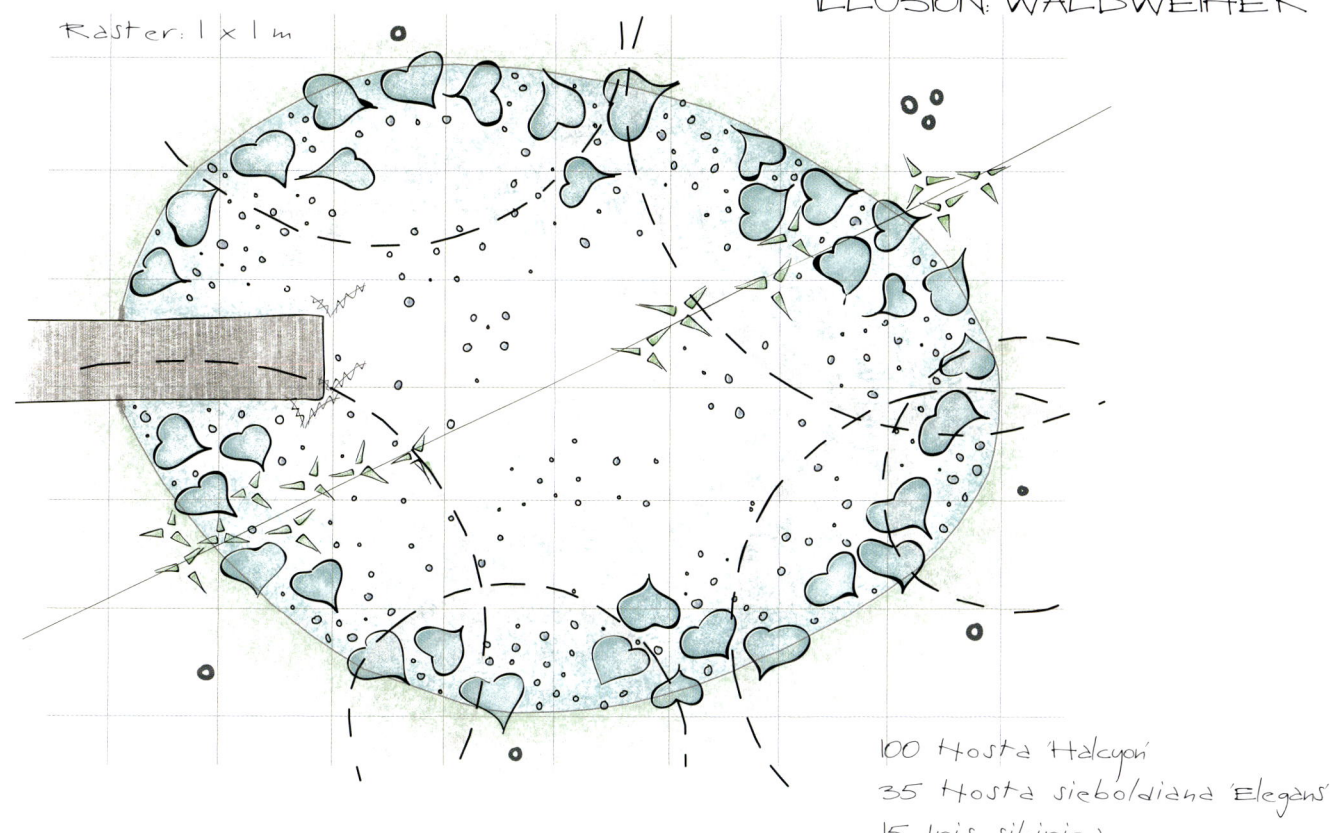

Raster: 1 × 1 m

PFLANZPLAN
'ILLUSION: WALDWEIHER'

100 Hosta 'Halcyon'
35 Hosta sieboldiana 'Elegans'
15 Iris sibirica
3 Athyrium niponicum 'Metallicum'

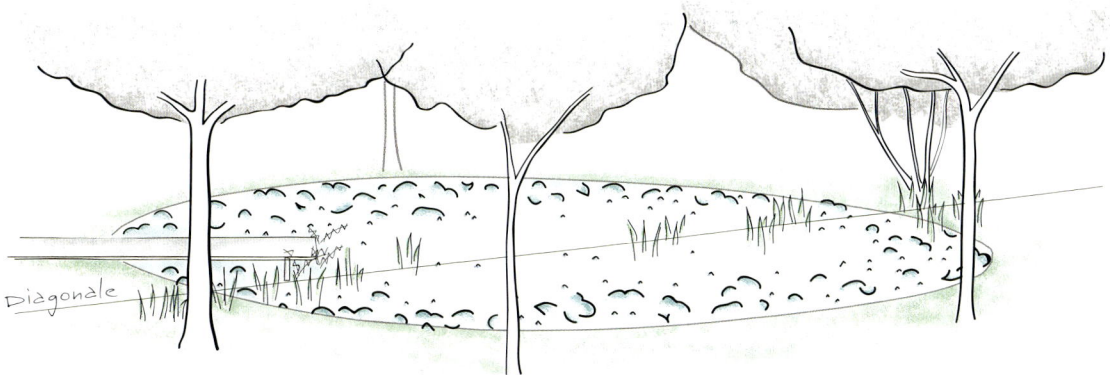

Diagonale

Gestaltung

Für die blaue „Wasserfläche" werden vor allem blaulaubige, gleichzeitig Schatten ertragende Pflanzen benötigt, die über einen längeren Zeitraum als blaue Blüten das Bild prägen. Hier sind kleine Blätter wichtig, weil sie optisch viel leichter als große zu einer Fläche zusammenfließen. Artenvielfalt wird hier nicht gebraucht; sie würde den Flächeneindruck stören.

Diesen Anforderungen entsprechen blaue, kleinblättrige Funkien (*Hosta*) voll und ganz. Und hier wiederum ist die Sorte 'Halcyon' eine der besten. Sie soll den Wasserspiegel darstellen. Gemäß natürlicher Vorbilder soll es einen höheren, üppig erscheinenden, großblättrigen Pflanzensaum am „Ufer" geben. Der könnte durch die große Blaublatt-Funkie (*Hosta sieboldiana* 'Elegans') verkörpert werden.

Die Kreisfläche der Vegetation wirkt ruhig – fast zu ruhig. Eine Diagonale bringt eine Linie ein. Der entstandene „Flächen-Linien-Kontrast" sorgt für deutlich mehr Spannung. Die Wiesen-Iris (*Iris sibirica*) mit schmalen, steil aufragenden Blättern ist gut geeignet, um die Diagonale platzsparend zu markieren.

Nebeneffekt: In Nachbarschaft der Großen Blaublatt-Funkien am „Wasserrand" entsteht der „Flächen-Linien-Kontrast" noch einmal im Detail. Deshalb ist es wichtig, die Iris mit ihren linearen Blättern nicht nur auf der Diagonalen, sondern auch im großblättrigen Außenring zu versammeln. So bleibt der „Wasserspiegel" in der Mitte weitgehend ungestört! Wiesen-Iris blühen blau, violett, weinrot oder weiß. Dem Farbthema entsprechend fällt die Wahl auf eine bewährte blaue Sorte, etwa die veilchenblaue 'Superba'.

Ein in die Senke ragender Steg stellt eine weitere gedankliche Verbindung zum Wasser her und kann zum Sitzen einladen. Das Baumaterial hierfür ist Lärchenholz. Auch unbehandelt ist es wetterfest und wird allmählich eine lichtgraue Färbung annehmen; genau der richtige, verhaltene Farbkontrast zu den verwendeten Pflanzen. Die Horizontale betonend, unterstreicht der Steg die Wirkung der vermeintlichen Wasserfläche. Gleichzeitig wird ein spannungsvoller Kontrast zu den vertikal aufragenden Iris sichtbar.

Vielleicht wäre es wünschenswert, das Grau des Holzstegs noch einmal zu wiederholen? Gut, dass der Japanische Regenbogenfarn (*Athyrium niponicum* 'Metallicum') mit seinen silbergrau gezeichneten Wedeln hierfür eine Lösung bereithält. Drei, vielleicht auch fünf Exemplare in unmittelbarer Umgebung der Stegpfosten genügen, um das Grau in die Pflanzen-/Wasserfläche hineinzutragen. Keinesfalls darf dieser nur etwa 40 cm hohe Farn zwischen die 60 cm und mehr messenden Großen Blaublattfunkien im „Uferbereich" geraten (siehe Pflanzplan Seite 89).

Ereignisliste

Wo liegen die Zeiträume, in denen diese Pflanzung zu wenig bietet?
Zur Funktion einer Ereignisliste siehe Planbeispiel 1 (Seite 83).

Art/Sorte	XII–II	III	IV/V	VI/VII	VIII/IX	X/XI	Bemerkungen
Athyrium niponicum 'Metallicum'			FA				silbergraue Blattwedel
			FO				locker überneigender Wuchs
			B				filigrane Farnwedel
Hosta 'Elegans'				FA			blaues, großes Blatt
				B			herzförmige Blattkontur
Hosta 'Halcyon'				FA			blau bereiftes, kleines Blatt
				FO			Flächenbildner
Iris sibirica 'Superba'				FA			blüht blau
			FO				vertikale Wuchsform
			B				lineare Blattkontur
Scilla siberica		FA					blüht blau
Holzsteg		FA					lichtgrau nach Ausbleichen
		FO					Betonung der Horizontalen

FA Farbereignis (Blüten, Früchte, Sommerlaub, Herbstfärbung)

FO Formprägnanter Wuchs (vertikal, horizontal, Kugel, sparrig, überhängend)

B durch Kontur, Größe, Glanz, Lineatur usw. markante Belaubung

III März, Vorfrühling

IV/V April/Mai, Frühling

VI/VII Juni/Juli, Sommer

VIII/IX August/September, Spätsommer/Frühherbst

X/XI Oktober/November, Herbst

XII–II Dezember bis Februar, Winter

Nach der Auflistung wird ein Problem erkennbar: Die nur sommergrünen, ab Anfang November oberirdisch nicht mehr sichtbaren Funkien erzeugen leere Flächen und lassen unseren „Waldweiher" im Winter scheinbar trocken fallen. Ob es sich wirklich lohnt, den unbewachsenen Boden mit Schotter zu bedecken? Immerhin kommen Tümpel, in denen sich nur vorübergehend Wasser sammelt, auch in der Landschaft vor. Zudem wird es schwierig, diese Schotterabdeckung vom Falllaub der umstehenden Bäume frei zu halten. Sicher ist die Laubdecke akzeptabel. Dagegen wäre es entschieden wichtiger, ein Ereignis vor den leider späten Austrieb der Funkien einzuschieben. Die hierfür grundsätzlich geeigneten, aber gelb blühenden Winterlinge (*Eranthis hyemalis*) passen nicht zum Farbthema. Aber die im März/April blühenden Blausterne (*Scilla siberica*) sind richtig. Vergilben ihre Blätter, erscheinen die ersten grünen Funkienspitzen.

Pflege

Eigentlich gibt es nichts zu tun, lediglich unerwünschte Pflanzen und hier insbesondere Gehölzsämlinge müssen entfernt werden. Nicht einmal ein Rückschnitt ist nötig, weil sich das Blattwerk der hier verwendeten Pflanzen rasch zersetzt. Von den Funkienblättern ist meist schon in den ersten Winterwochen nicht mehr viel übrig.

Planbeispiel 3
Versunkene Farben

Situation

Mann und Frau, beide Gärtner aus Leidenschaft, sind von einem Aquarell in Gelbgrün, Ocker und Oliv begeistert. Zwar sind es eher schwache, aber überaus harmonische Kontraste in „gebrochenen" Farben. Sie überlegen, wie man dieses Farbmotiv in den eigenen Garten übertragen kann.

Idee

Einer Pflanzung ein Motto zu geben, ist nicht unwichtig. Es motiviert die Planenden, ist Maßstab für die Pflanzenauswahl und weckt die Neugier der anderen. Diese Pflanzung erhält das Motto „Versunkene Farben", weil das verwendete Gelb einmal in Grün (= Gelbgrün), dann wieder in Braun (= Ocker) und das Grün in Schwarz (= Oliv) „untertaucht".

Gestaltung

Ein geeigneter Platz ist schnell gefunden: Eine sonnige Gartenecke, die durch einen Mauerwinkel den passenden Rahmen erhalten wird. Hier ist ein kontraststeigernder Hintergrund nötig, keine schwer unterscheidbare Fortsetzung der „erdigen" Farben durch ein Klinkermauerwerk. An dieser Stelle wäre ein sehr heller Sandstein gut geeignet; ebenso ein lichtgrauer Beton mit ansprechend

strukturierter Oberfläche, am einfachsten schalungsrau infolge Bretterschalung. Etwas aufwändiger ist die Bearbeitung des noch nicht ausgehärteten Betons mit Steinmetzwerkzeugen (Scharriereisen, Stockhammer). Eine schon vorhandene große Schwarzkiefer – dunkelgrün benadelt, aber lichtkronig – passt zur hellen Mauer und zum mediterran anmutenden Farbkonzept der Pflanzung; ihr Stamm wird einer späteren Sitzgelegenheit Rückendeckung bieten.

Die Suche nach den der Farbvorlage entsprechenden Pflanzen gestaltet sich schwierig. Nicht nur deshalb fällt die Entscheidung auf eine einfach strukturierte „Blockpflanzung" in den gewünschten drei Farbtönen, die durch jeweils wenige Pflanzenarten dargestellt werden. Diese fein gestuften Farbtöne miteinander zu vermischen, hieße ihnen die Wirkung zu nehmen. Dagegen macht die klar begrenzte Nebeneinanderstellung eine deutliche Unterscheidung möglich.

Ocker, ein natürlich vorkommendes Farbpigment, erhält seine Farbtönung durch braune und rotbraune Eisenoxide. Unter den Sorten der Schaf- und Goldgarben (*Achillea*-Hybriden) mit scheibenförmigen Blütenständen sind auch einige in Ockertönen vertreten. Es ist wichtig, sterile Sorten auszuwählen, die sich nicht versamen. Sämlinge würden nicht nur in die anderen Farbsegmente auswandern und die gewollte Flächenstruktur stören. Häufig weisen sie auch andere Farben auf; bei der Schafgarbe schließlich das

Farbschema zum Planbeispiel „Versunkene Farben".

kreidige Weiß der Ausgangsart. Eine der geeigneten Sorten ist 'Circus' (70 cm). Blühend von Juni bis August, ist der Rest des Jahres noch nicht besetzt. Die Lösung heißt Petries Segge (*Carex petriei*); ein ganzjährig gelbbraun gefärbtes, aus Neuseeland stammendes Gras (30 cm). Die Zahl der auch sonnentauglichen Purpurglöckchen (*Heuchera*) mit farbigen Blättern wächst stetig. Die rundlichen, bernsteinfarbenen Blätter der Sorte 'Amber Waves' bilden – bei ähnlicher Färbung – einen ansprechenden Formenkontrast zu den Grasblättern der Segge.

Noch schwieriger ist die Suche nach geeigneten oliv(grünen) Pflanzen. Hier muss wieder Neuseeland aushelfen, dessen Vegetation viele ungewöhnliche Farbtöne bereithält. Immergrün, dabei frosthart und mit fächerförmig ausgebreiteten Zweigen niedrig bleibend, gibt es zum Strauchehrenpreis (*Hebe ochra-*

cea) kaum eine Alternative. Dass er nur wenig blüht, stört hier nicht.

Gelbgrün sind viele Pflanzen. Allerdings wird gerade von diesem Farbton weniger gebraucht, weil es noch die stärkste Leuchtkraft besitzt. Die Wahl fiel auf die Steppen-Wolfsmilch (*Euphorbia seguieriana*) mit der nicht wuchernden, die Blockgrenzen nicht überschreitenden Unterart *niciciana*. Wie auch hier meist an vergängliche Blütenfarben gebunden, sollte das Gelbgrün immer auch in dauerhaftem Blattwerk verankert sein, wie es die Purpurglöckchen-Sorte *Heuchera* 'Lime Rickey' bietet. Zusätzlich könnte das

gelbbunte „Urahagusa"-Gras (*Hakonechloa macra* 'Aureola') aufgenommen werden, das gut in der Sonne stehen kann und einen interessanten Kontrast zu den rundlichen *Heuchera*-Blättern bietet.

Es lässt sich nicht leugnen, dass die aneinander gereihten Pflanzen-/Farbblöcke etwas monoton wirken; die über der ockerfarbenen Fläche schwebenden Blütenscheiben der *Achillea* mal ausgenommen. Deshalb benötigt das Konzept noch ein „oberes Stockwerk", das eine Raumstruktur herstellt und gleichzeitig zur Mauerhöhe aufschließt. In unregel-

mäßigen Abständen über die Einzelblöcke hinweg „gestreut", sollen Kleinbäume die Grenzlinien der Pflanzung am Boden auflockern. Aufgrund seiner Wuchshöhe sowie seiner zum Farbthema passenden rotbraunen Stämme fällt die Wahl auf den Zimt-Ahorn (*Acer griseum*). Von ähnlicher Größe ist die Mahagoni-Kirsche (*Prunus serrula*) mit ebenfalls rotbraunen, aber glänzenden Stämmen. Sie erscheint jedoch neben den gedämpften Farben der Grundpflanzung weniger passend.

„Versunkene Farben": Soll soll der Garten in der Vorstellung der Gartennutzer einmal aussehen.

Ereignisliste

Zur Bedeutung der Ereignisliste siehe Planbeispiel 1 (Seite 83). Um sicherzugehen, dass nicht nur ein befriedigender Gesamteindruck entsteht, vielmehr die Farbidee ganzjährig deutlich wird, ist die Ereignisliste nach Farbsegmenten gegliedert.

Wenngleich die Ereignisliste auf den ersten Blick keinen Nachbesserungsbedarf erkennen lässt, sollten die Farbblöcke einzeln betrachtet werden.

Tatsächlich ist in jedem Segment mindestens eine Pflanze vorhanden, die den gewünschten Farbeindruck ganzjährig garantiert (Gelbgrün: *Heuchera* 'Lime Rickey'; Ocker: *Carex petriei, Heuchera* 'Amber Waves'; Oliv: *Hebe ochracea*). So dürfte der Pflanzung nichts mehr im Wege stehen!

Pflege

Perfektionisten können – falls als störend empfunden – die blassrosa, wenig auffälligen Blütenstände der *Heuchera* 'Amber Wave' abschneiden. Wer unkontrollierter, möglicherweise vorkommender Selbstsaat vorbeugen möchte, schneidet die abgeblühte Steppen-Wolfsmilch bis über den Boden zurück. Die im gelbgrünen Segment stehenbleibenden *Heuchera* 'Lime Rickey' sorgen weiter für den flächigen Farbeindruck. Der Rückschnitt der *Achillea* 'Circus' mit ihren formstabilen, grafisch wirkenden Blütentellern erfolgt dagegen erst zum Winterausgang.

Art/Sorte	XII-II	III	IV/V	VI/VII	VIII/IX	X/XI	Bemerkungen
Acer griseum	FA						rotbrauner Stamm
						FA	rotes Herbstlaub
	FO						Strukturbildner
Oliv							
Hebe ochracea	B/FA						olivfarbenes, immergrünes Laub
Ocker							
Carex petriei	FA						ockerfarbenes Laub
	B						lineale Blätter
Heuchera 'Amber Waves'				FA			blüht blassrosa
	FA						bernsteinfarbenes Laub
	B						herzförmige Blätter
Achillea 'Circus'				FA			blüht ockergelb
	FO			FO			grafisch angeordnete Blütenstände
Gelbgrün							
Heuchera 'Lime Rickey'				FA			blüht weiß
	FA						gelbgrünes Laub
	B						rundliche Blattkontur
Euphorbia seguieriana				FA			blüht frisch gelbgrün
		FO					lineale Blätter
Mauerwinkel	FO						vertikale Wand
	FA						heller Hintergrund

FA	Farbereignis (Blüten, Früchte, Sommerlaub, Herbstfärbung)
FO	Formprägnanter Wuchs (vertikal, horizontal, Kugel, sparrig, überhängend)
B	durch Kontur, Größe, Glanz, Lineatur usw. markante Belaubung
III	März, Vorfrühling
IV/V	April/Mai, Frühling
VI/VII	Juni/Juli, Sommer
VIII/IX	August/September, Spätsommer/ Frühherbst
X/XI	Oktober/November, Herbst
XII-II	Dezember bis Februar, Winter

PFLANZPLAN
'VERSUNKENE
FARBEN'

4 Acer griseum
Solitär 250-300 cm

70 Heuchera 'Lime Rickey'
50 Euphorbia seguieriana

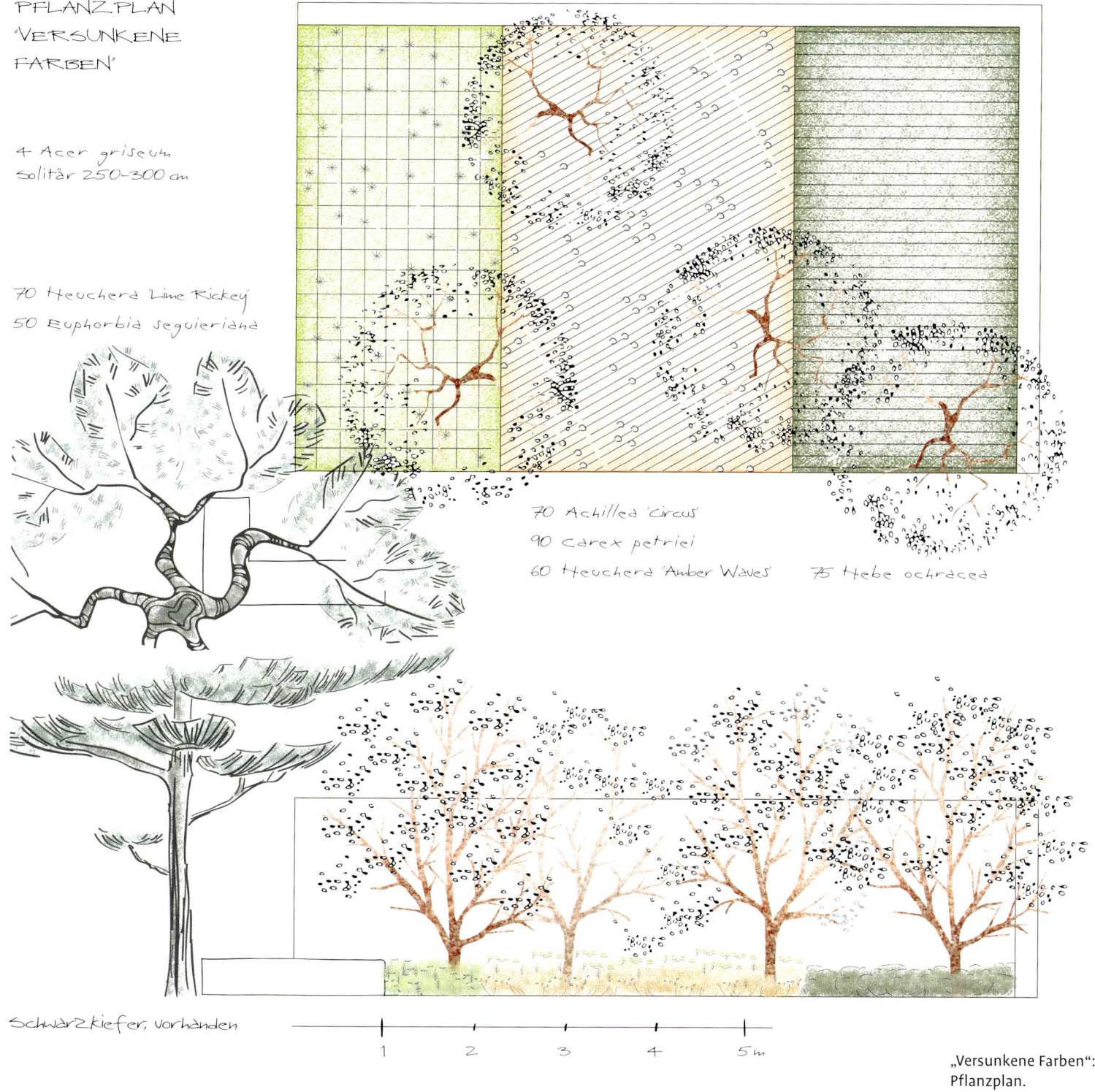

70 Achillea 'Circus'
90 Carex petriei
60 Heuchera 'Amber Waves'   75 Hebe ochracea

Schwarzkiefer, vorhanden

1   2   3   4   5 m

„Versunkene Farben":
Pflanzplan.

Planbeispiel 4
Garten der Besinnung

Dieses Planbeispiel vermittelt mindestens zwei Anregungen. Erstens: Versuchen Sie, nicht nur den Bereich um die häufiger genutzte Terrasse zu gestalten. Der „Rest" ist nicht nur Kulisse, sondern wartet darauf, entdeckt zu werden. Selbst im Landschaftspark wird der Besucher noch in die „letzte Ecke" geführt, um hier mit einem überraschenden Blick in die angrenzende Landschaft belohnt zu werden („Aha"). Ideen kommen oft, wenn der Garten einmal entlang seiner Grenzen umschritten wird; das führt zu völlig neuen Perspektiven. Nicht selten wird so ein zweiter Sitzplatz geboren; intim, mit Rückblick zum Haus und eigenständiger Bepflanzung und Farborientierung. Zweitens: Farben stehen für Stimmungen und Temperamente, warum nicht auch für die eigenen, sei es als Spiegel oder als Aufforderung? Es ist spannend, sich oder das, was man sein will, in einer selbst gestalteten Pflanzung wiederzufinden. Wenn Sie den hier vorgestellten „Garten der Besinnung" nicht mögen, schauen Sie sich die „temperamentvolle" Pflanzung auf Seite 119 an!

Situation

Ein zwar sonniger, aber etwas abgelegener und daher kaum aufgesuchter Gartenplatz soll für den Aufenthalt attraktiver gestaltet werden, um den Garten vollständig nutzen zu können. Im Gegensatz zur farbenfrohen Pflanzung im Terrassenbereich am Haus wird hier eine eher zur Kontemplation einladende, inspirierende Situation gewünscht. Für die Umsetzung dieses Anliegens ist die Pflanzung besonders wichtig. Da dieser Gartenplatz während der Wintermonate kaum aufgesucht wird, reichen für diese Zeit einige standfeste Gerüstpflanzen aus, um auf dieser Fläche noch Wirkung zu erzielen.

Idee

Teils massiv, teils transparent wird ein raumbildendes Gefüge aus Mauer, Pergola und Rankgerüst für die nötige Intimität sorgen. Die gewünschte Stimmung kann kaum anders als durch Farben erreicht werden – aber durch welche? Da sie hier vom Wesentlichen ablenken, muss man die starken Farben (Rot, Gelb) und ihre ebenso starken Kontraste überwiegend ausklammern. Neben den Pflanzenfarben sind die Farben des Interieurs, vor allem der Belagsflächen und Sitzmöbel wichtig.

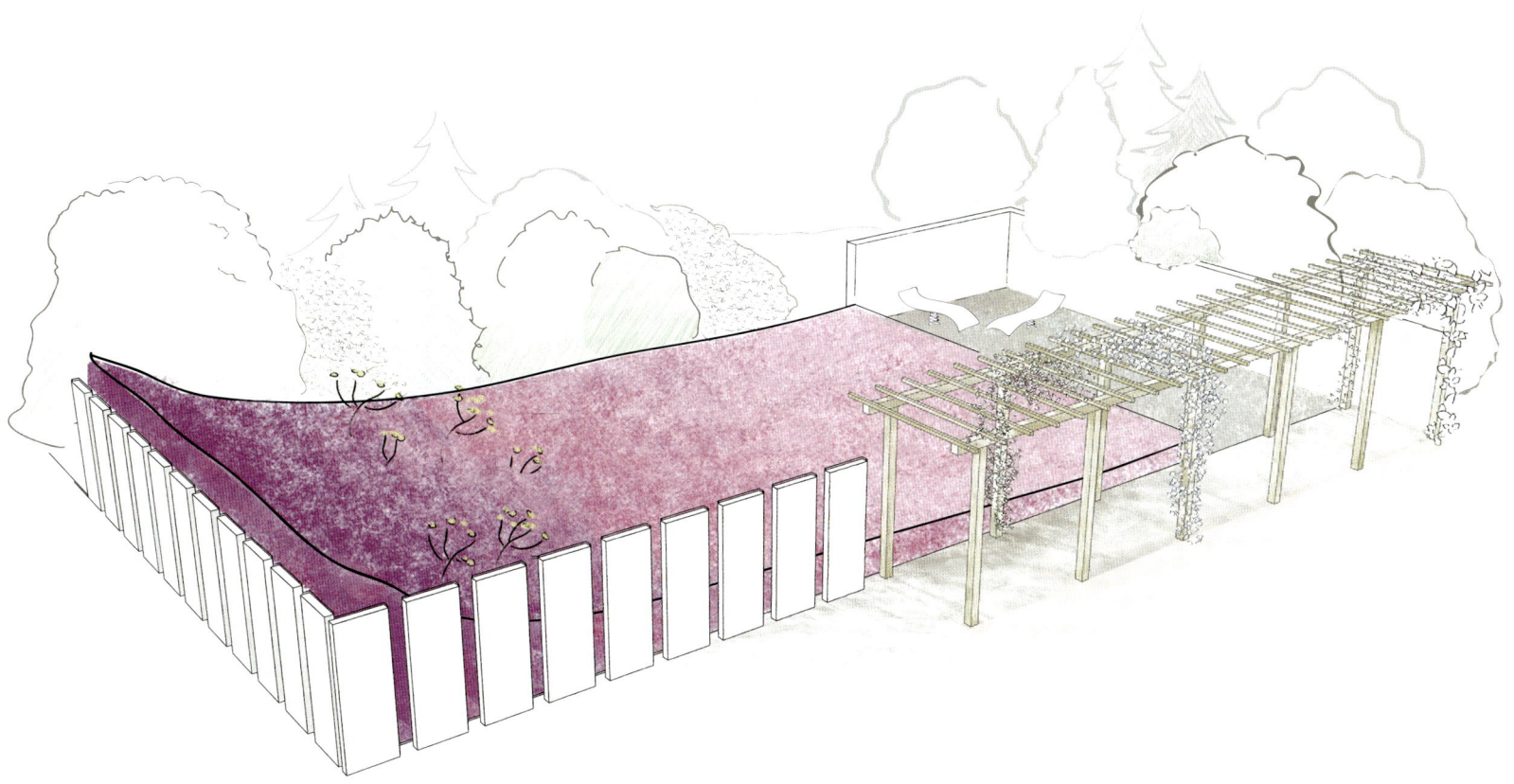

Lila und Violett entdecken im „Garten der Besinnung" (Entwurfsidee):
Mit der Sättigung der Farbtöne von hellem Lila nach dunklem Violett soll auch die Höhe der Pflanzung zunehmen, Giraffen-Skabiosen setzen provokativ „falsch"farbige gelbe Tupfer.

Gestaltung

Man würde sich spontan für unaufdringliches Blau entscheiden, wenn es „Blaue Gärten" nicht schon so zahlreich gäbe. Obwohl weniger geliebt, lohnt es sich, Lila und Violett zu entdecken. Zwischen Blau und Rot schwankend, mag es zudem das Planungsziel eher erreichen als ein zu kühles, wenig Halt bietendes Blau. Die Entscheidung fällt auf Lila (helles Violett) neben dunklerem Violett (Rötlichblau), aufgehellt durch Weiß und Grau. Gleichzeitig entstehen schwache Kontraste, die eben nötig sind, um Aufmerksamkeit zu erzielen. Reizvolle Pflanzendetails bleiben wahrnehmbar. Weiße Sitz- oder Liegemöbel erscheinen sinnvoll, ebenso im Platzbelag wiederkehrendes Grau.

Die Suche nach den „farbechten" Pflanzen ist nicht einfach. Nicht alles, was als „lila" oder „violett" beschrieben wird, ist es wirklich. Im Bereich der nicht winterharten Beetpflanzen („Sommerblumen") findet man leicht die passenden Farben. Um den Aufwand einer jährlichen Neubepflanzung zu umgehen, werden ausdauernde Stauden und Blütengehölze ausgewählt. Diese blühen im Gegensatz zu den Sommerblumen nicht bis zum Frost durch. Deshalb sind viele Arten nötig, die zeitversetzt die Farbidee repräsentieren. Ein weiterer Vorteil: Anders als im Sommerblumenbeet wird sich die Staudenpflanzung ständig verändern, gibt es hier immer Neues zu entdecken.

Zunächst gilt es, eine Liste der für das Farbthema grundsätzlich geeigneten, standortgerechten und farblich passenden Pflanzen zusammenzustellen. Von besonderer Bedeutung sind die **Struktur- oder Gerüstbildner**. Das sind standfeste, höhere und damit raumgliedernde Stauden. Durch ihre Auffälligkeit reicht der Einsatz geringer Stückzahlen. Hier wird die bis in den Nachwinter aufrecht stehende Rutenhirse (*Panicum virgatum* 'Heavy Metal') mit blaugrauen Blättern ausgewählt. Da Rutenhirse wärmebedürftig ist, treibt sie spät aus. Deshalb wird ihr die Steppenkerze (*Eremurus himalaicus*) zur Seite gestellt, die ab März sehr rasch ihre Endhöhe (2,50 m) erreicht und im Mai/Juni weiß blüht. Nach ihrem Einziehen in den Boden wird sie nun von der Rutenhirse abgelöst (**„Folgestaudenpflanzung"**). Die Auswahl der Strukturbildner wird durch Akanthus (*Acanthus hungaricus*) mit lila Blütenkerzen und ornamental geschnittenen Blättern ergänzt. Sie sollen so platziert werden, dass die Pflanzung einen spannungsvollen Rhythmus erhält. Deshalb ist es nötig, ihre Pflanzplätze in den Plan einzuzeichnen. Anstelle der Gerüststauden können auch Säulen/ Pfähle mit Kletterrosen – z.B. die violette 'Amethyste' – den Raum gliedern.

Um Planungsaufwand zu sparen, soll für die verbleibende Fläche eine **Mischpflanzung** kreiert werden (siehe Kasten).

Dazu gehören zunächst die in der Tabelle auf Seite 101 angeführten **Begleitstauden.** Die Bezeichnung kennzeichnet die Stellung dieser mittelhohen Stauden zu den dominierenden Struktur- oder Gerüstbildnern. Ohne besonderen Formcharakter, sind sie beliebig untereinander mischbar. Sie stellen zusammen mit den **Bodendeckstauden** das Herzstück der Mischpflanzung. Bodendeckstauden bilden das unterste Stockwerk der Pflanzung und legen hier nach Möglichkeit mit unter- oder oberirdischen Ausläufern einen flächigen Teppich. **Füllpflanzen** sind kurzlebige Arten. Dafür versamen sie sich selbst, so dass wenige genügen. Sie schließen Lücken und „reparieren" so die Mischpflanzung. Wo unerwünscht, sind sie leicht zu entfernen; zudem verschwinden sie häufig ohne weiteres Zutun, wenn Offenflächen fehlen. **Zwiebel- und Knollenstauden** dürfen in die Mischpflanzung nicht als gleichwertige Mengenanteile eingehen, weil sie gewöhnlich nur für wenige Wochen zu sehen sind. Je nach Zwiebelgröße und Ausbreitungsvermögen sind pro Quadratmeter etwa 2 bis 8 Pflanzen nötig. Diese „Geophyten" sind insbesondere für die Besetzung „leerer" Zeiträume – etwa nach dem Rückschnitt der Pflanzung im Februar – unverzichtbar. Die Pflanzung erfolgt im Sommer bis Frühherbst; für Sommerblüher (wie Lilien oder *Allium*) auch noch im Frühjahr.

Exkurs *Was ist eine „Mischpflanzung"?*

Eine Mischpflanzung braucht keinen Pflanzplan; lediglich die Mengenangaben der beteiligten Pflanzen, bezogen auf die Pflanzfläche. Entsprechend entfällt auch die zeitaufwändige Planabsteckung im Gelände. Es gibt keine Höhenstufung der Pflanzen von vorn (niedrig) nach hinten (hoch). Es gibt keine Festlegung, dass Pflanze A neben Pflanze D stehen muss; die Artenverteilung ist zufällig. Es bleibt unbenommen, einzelne wuchsprägnante **„Strukturbildner"** gezielt anzuordnen.

Inhalt der Mischpflanzung ist ein standortgerechtes Artensortiment, das sich ästhetisch, jahreszeitlich, in Wuchsformen und Wuchshöhen ergänzt. Kurzlebige, sich selbst versamende **„Füller"** sorgen dafür, dass noch verbliebene, auch neu entstehende Lücken geschlossen werden.

Wichtiger als der Erhalt einzelner Pflanzen ist das Überleben der Pflanzung insgesamt. Dynamik pur – die die Bereitschaft einschließt, sie in Grenzen zuzulassen! Erfahrene planen „ihre" Mischpflanzung selbst und veranschlagen dabei z. B. 8 Pflanzen pro Quadratmeter – eine Vereinfachung, die sich in der Praxis aber bewährt hat. Die für beispielsweise 50 m² benötigte Gesamtstückzahl muss dann auf die ausgewählten Arten aufgeteilt werden. Das ist nicht ganz so einfach: Um den gleichen Mengeneindruck zu bekommen, benötigt man von „schlankeren" Pflanzen mehr als von sich ausbreitenden Arten.

Zwiebel- und Knollenstauden für den Nachwinter und Vorfrühling zählen extra, weil sie zu dieser Zeit das Vegetationsbild noch allein aufrecht erhalten müssen und mit dem anschließenden Austrieb der meisten Stauden „einziehen". Bereits erprobte Mischpflanzungssortimente sind beim nächsten guten Staudengärtner zu erfragen.

Die besondere Idee

Die Mischpflanzung gleichmäßig über die Fläche zu breiten, erscheint zu simpel. Deshalb die Idee, der Pflanzung eine Struktur zu geben, sie von hellerem Lila (im Vordergrund) zu dunklem Violett (im Hintergrund) und gleichzeitig in die Höhe zu steigern. Die im Violett versteckte innere Dynamik – begründet im Widerstreit zwischen „männlichem" Rot und „weiblichem" Blau – wird so in eine räumliche Bewegung übersetzt.

Für das Rankgerüst im Hintergrund, den höchsten und zugleich farbtiefsten Bereich, werden Klettergehölze in dunklem Violett gebraucht. Da sie nur einmal blüht, erhält die Kletterrose (*Rosa multiflora* 'Violette') Verstärkung durch *Clematis viticella* 'Etoile Violette' mit bis zu 10 cm großen Blüten. Ihre Blütezeit reicht bis in den Oktober.

Um den gewünschten Farbverlauf zu erreichen, sollte man die Stückzahlen der für die Farbvermittlung wichtigen Arten über die Fläche verteilt variieren. Voraussetzung hierfür ist die Aufteilung der Gesamtfläche in Einzelsegmente. In unserem Planbeispiel sind es drei: A (dunkles Violett überwiegt, hoch), B, C (helles Lila überwiegt, niedrig). So müssen lilafarbener Garten-Phlox (*Phlox paniculata* 'Prospero') und Breitblatt-Phlox (*Phlox amplifolia*) ausscheiden, weil sie im Vordergrund (Segment C) mit 100 cm zu hoch wachsen.

„Stufe der Provokation": Um das Grundthema „Violett" gegensätzlich zu steigern, könnte man in das Violett dort, wo es am dunkelsten und höchsten ist, wenige gelbe Tupfer einstreuen. Diese Aufgabe übernimmt der Schuppenkopf, auch „Giraffen-Skabiose" genannt (*Cephalaria gigantea*). Die Pflanze wird übermannshoch; locker verzweigt und mit blassgelben Blütenköpfen über der violetten Pflanzung „schwebend" wirkt sie trotzdem leicht.

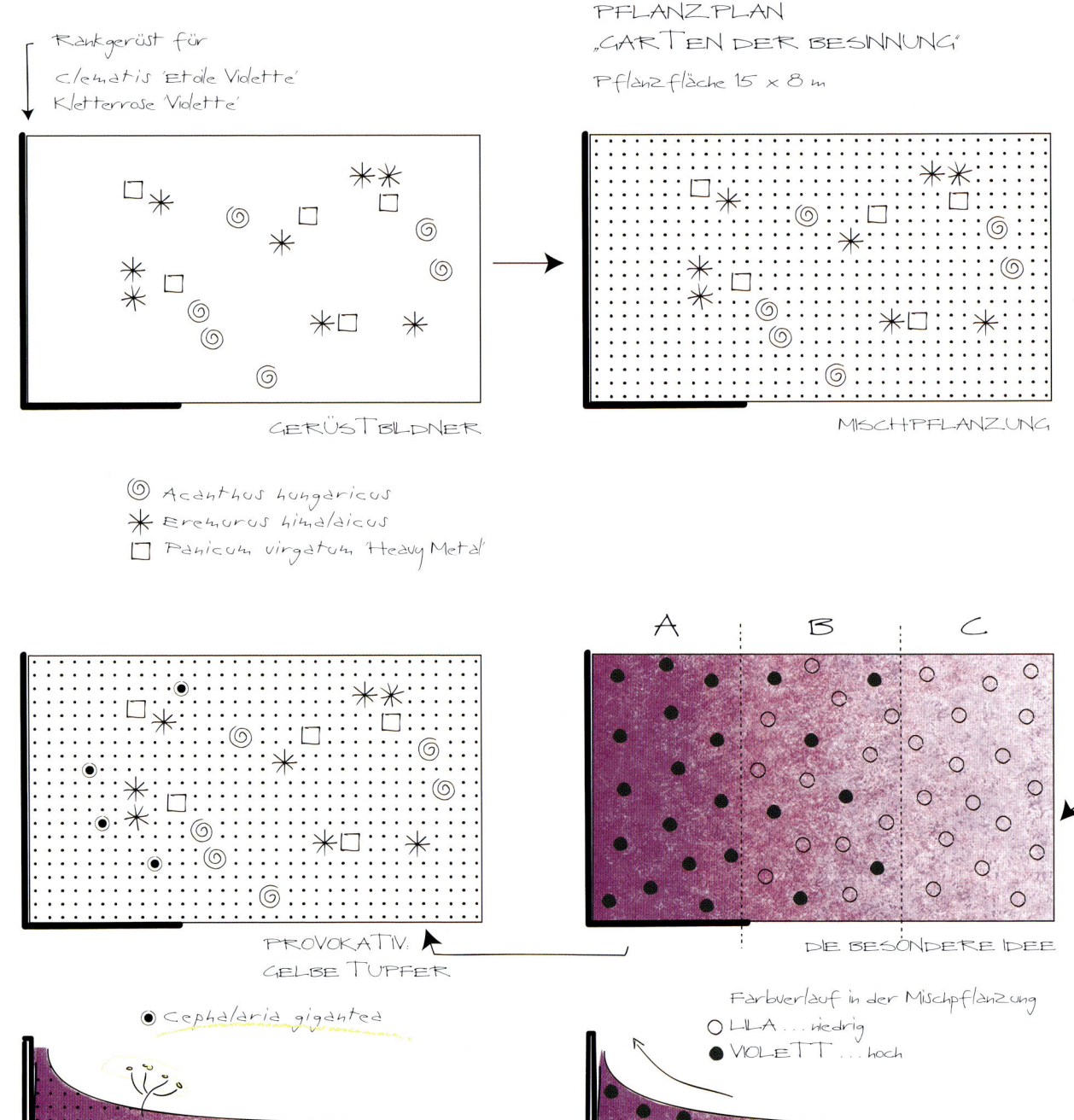

Pflanzpläne nach Farbideen

Rankgerüst für
Clematis 'Etoile Violette'
Kletterrose 'Violette'

PFLANZPLAN
„GARTEN DER BESINNUNG"
Pflanzfläche 15 x 8 m

GERÜSTBILDNER

MISCHPFLANZUNG

◎ Acanthus hungaricus
✳ Eremurus himalaicus
▢ Panicum virgatum 'Heavy Metal'

A   B   C

DIE BESONDERE IDEE

PROVOKATIV:
GELBE TUPFER

● Cephalaria gigantea

Farbverlauf in der Mischpflanzung
○ LILA ... niedrig
● VIOLETT ... hoch

„Garten der Besinnung":
Die Pflanzplanung beginnt mit den markanten „Gerüstbildnern", die Mischpflanzung (siehe neben-stehende Tabelle) füllt die Rest-fläche. Die Segmentierung A, B, C weist unterschiedliche Stückzahlen für lila bzw. violette Arten aus (Farbverlauf). Zum Schluss kommen die gelben Tupfer (Cephalaria).

Arten/Sorten	Gesamt-mengen je Art	Mengenanteile der Arten		
		Segment A Violett, hoch	Segment B Übergang	Segment C Lila, niedrig
Begleitstauden				
Silber-Immortelle *Anaphalis triplinervis* 30 cm, silbergrau	60	0	30	30
Silber-Beifuß *Artemisia ludoviciana* 'Silver Queen' 70 cm, silbergrau	30	20	10	0
Herbst-Aster *Aster novae-angliae* 'Violetta' 130 cm, dunkelviolett	70	50	20	0
Bergminze *Calamintha nepeta* subsp. *nepeta* 40 cm, lila	100	0	30	70
Feinstrahl *Erigeron* 'Schwarzes Meer' 60 cm, schwarzviolett	70	50	20	0
Storchschnabel *Geranium renardii* 'Tschelda' 40 cm, lila	100	0	30	70
Bibernelle *Pimpinella saxifraga* 50 cm, weiß	180	60	60	60
Salbei *Salvia officinalis* 'Purpurascens' 30 cm, trüb violettes Laub	80	50	30	0
Bodendeckstauden				
Großes Windröschen *Anemone sylvestris* 30 cm, weiß, kurze Ausläufer	150	50	50	50
Füller				
Lichtnelke *Lychnis coronaria* 'Alba' 40 cm, weißfilzig, weiß blühend	60	20	20	20
Edeldistel *Eryngium giganteum* 80 cm, metallisch grau	60	20	20	20
Stückzahl je Segment: 5 m × 8 m = 40 m² 8 Pflanzen je m² = 320 Stck.	0	320	320	320
Zwiebelstauden Frühsommer				
Sternkugel-Lauch *Allium christophii* 40 cm, lila	200	0	80	120
Kugel-Lauch *Allium aflatunense* 'Purple Sensation' 60 cm, dunkelviolett	160	160	0	0
Zwiebeln/Knollen Nachwinter				
Krokus *Crocus tommasinianus* 'Ruby Giant' 10 cm, purpurviolett	480	320	160	0
Krokus *Crocus tommasinianus* 'Lilac Beauty' 10 cm, lila	480	0	160	320
Dichter-Narzisse *Narcissus poeticus* 30 cm, weiß	600	200	200	200

„Garten der Besinnung": Stückzahltabelle für die Mischpflanzung

Ereignisliste

Zur Bedeutung der Ereignisliste siehe Planbeispiel 1 (Seite 83)!

Art/Sorte	XII-II ✂	III	IV/V	VI/VII	VIII/IX	X/XI	Bemerkungen
Strukturbildner							
Acanthus hungaricus				FA	FA		blüht lila
				FO			vertikale Blütenstände
Eremurus himalaicus			FA				blüht weiß
			FO				vertikale Blütenstände
Panicum 'Heavy Metal'				FA			blaugraues Laub
	FO			FO			vertikale Wuchsform
Grau, Weiß							
Anaphalis triplinervis			FA				blüht weiß
	FA						sibriges Laub
Anemone sylvestris			FA				blüht weiß
	B						dichter Blattteppich
Artemisia 'Silver Queen'				FA			grauweiße Blüte
	FA		FA				silbriges Laub
Eryngium giganteum	FA			FA			grauweißes Laub
	B			B			interessante Blattform
Lychnis coronaria 'Alba'			FA				blüht weiß
	FA		FA				silbernes Laub
Narcissus poeticus		FA					blüht weiß
Pimpinella saxifraga				FA			blüht weißlich
	B/FA						wintergrünes Laub
Lila							
Allium christophii				FA			blüht intensiv lila
				FO			kugeliger Blütenstand
Calamintha nepeta				FA	FA		„Insektenmagnet"
Crocus 'Lilac Beauty'	FA						blüht lila
Geranium 'Tschelda'				FA			blüht zartlila
			B				dichter Blattteppich

FA Farbereignis (Blüten, Früchte, Sommerlaub, Herbstfärbung)

FO Formprägnanter Wuchs (vertikal, horizontal, Kugel, sparrig, überhängend)

B durch Kontur, Größe, Glanz, Lineatur usw. markante Belaubung

✂ Rückschnitt, hier Ende Februar

III März, Vorfrühling

IV/V April/Mai, Frühling

VI/VII Juni/Juli, Sommer

VIII/IX August/September, Spätsommer/Frühherbst

X/XI Oktober/November, Herbst

XII–II Dezember bis Februar, Winter

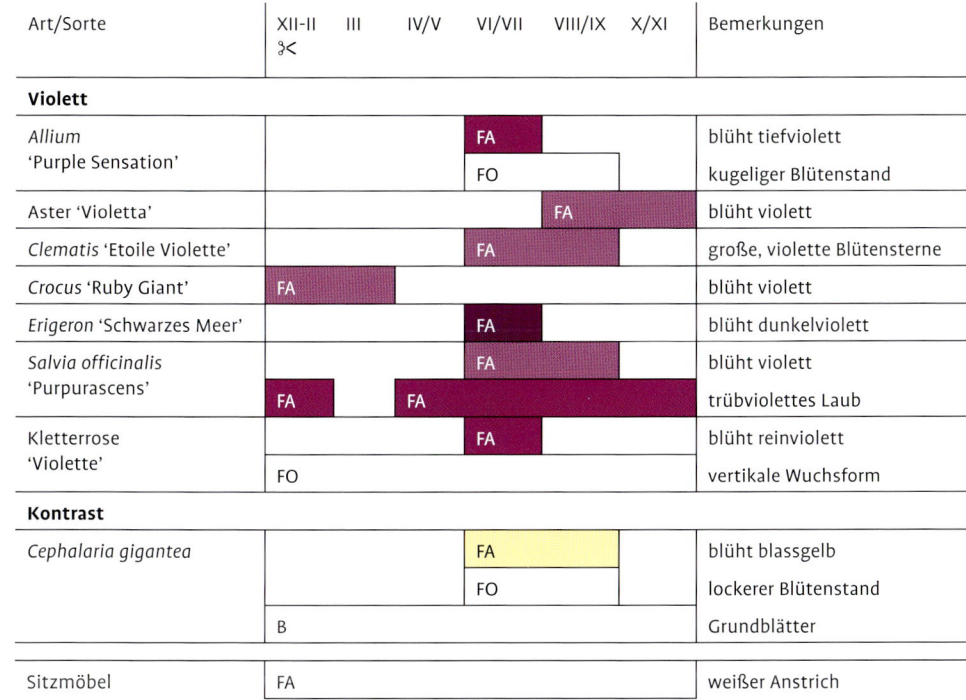

Art/Sorte	XII–II ✂<	III	IV/V	VI/VII	VIII/IX	X/XI	Bemerkungen
Violett							
Allium 'Purple Sensation'				FA			blüht tiefviolett
			FO				kugeliger Blütenstand
Aster 'Violetta'					FA		blüht violett
Clematis 'Etoile Violette'				FA			große, violette Blütensterne
Crocus 'Ruby Giant'	FA						blüht violett
Erigeron 'Schwarzes Meer'				FA			blüht dunkelviolett
Salvia officinalis 'Purpurascens'				FA			blüht violett
	FA		FA				trübviolettes Laub
Kletterrose 'Violette'				FA			blüht reinviolett
	FO						vertikale Wuchsform
Kontrast							
Cephalaria gigantea				FA			blüht blassgelb
			FO				lockerer Blütenstand
		B					Grundblätter
Sitzmöbel	FA						weißer Anstrich

In der Ereignisliste wurden die Arten und Sorten nach Farbbereichen sortiert. Nur so kann beurteilt werden, ob der geplante Farbverlauf Lila/Violett mindestens über die Vegetationsperiode hinweg sichtbar wird. Unsortiert wäre das schwierig. Unmittelbar nach dem Rückschnitt der Pflanzung ist es im März etwas lückig. Hier müssen die Krokusse die Farbwirkung bringen, hohe Pflanzzahlen und spätere Ausbreitung werden für eine flächendeckende Wirkung sorgen. Der Zeitraum April/Mai ließ sich nicht überzeugend mit Violett und Lila besetzen. Hier gibt es nun ein weißes „Intermezzo" – warum auch nicht? Neben den Farben bietet die Pflanzung auch ornamentale Blattkonturen (*Acanthus*, *Eryngium giganteum*) sowie aparte Wuchs- und Blütenstandsformen (Ker-

zen: *Acanthus*, *Eremurus*; Kugeln: *Allium*; locker verzweigt: *Cephalaria*). Die weißen Blütendolden der Bibernelle (*Pimpinella saxifraga*) geben der Pflanzung eine leichte, duftige Note.

Pflege

Es ist nicht ganz einfach, den richtigen Zeitpunkt für den nachwinterlichen Rückschnitt zu bestimmen. Das liegt an den je nach Witterung schon im Februar/ März zur Blüte kommenden Krokussen. Rechtzeitig vorher, sobald die Krokusse grüne Spitzen zeigen, muss die Fläche geräumt sein. Der Salbei (*Salvia officinalis* 'Purpurascens') mit trübvioletten Blättern regeneriert sich nicht immer kraftvoll, man wird ihn deshalb nicht in jedem Jahr und auch sonst nicht allzu tief zurückschneiden. *Clematis* gehören unterschiedlichen Schnittgruppen an, unsere Sorte 'Etoile Violette' blüht am diesjährigen Holz. Deshalb sollte man sie zwischen Dezember und März auf etwa 20 cm zurückschneiden – umso kräftiger sind Austrieb und Blüte! Die ebenfalls am Rankgerüst wachsenden Kletterrosen brauchen gelegentlich einen Auslichtungsschnitt, jedoch keinen regelmäßigen Rückschnitt. Im Gegensatz zu den rankenden *Clematis* müssen die langen Triebe der Rosen am Rankgerüst fixiert werden. Für einen funktionierenden Violett-Weiß-Kontrast sollten die weißen Sitzmöbel regelmäßig gereinigt werden.

Planbeispiel 5 ©
Vielfarbige Hecke

Situation

Hecken schaffen den Rahmen des schrittweise zu gestaltenden Gartens, bieten
Blick- und Windschutz. Gewöhnlich setzt
jeder Gartennachbar seine Hecke. Das
braucht Platz und engt den eigenen
Garten ein. Deshalb ist eine Übereinkunft
sinnvoll, wonach die zwei Wochenend-
gärten trennende Hecke genau auf die
Grundstücksgrenze gepflanzt werden

darf. Durch den Wegfall einer zweiten
Hecke und der im Nachbarrecht festge-
legten Pflanzabstände zur Grundstücksgrenze sparen beide Gartennachbarn viel
Platz. Selbstverständlich müssen beide
dieses Vorgehen wollen. In diesem
Pflanzbeispiel besteht übereinstimmend
der Wunsch nach einer vielfarbigen
Hecke mit ganzjähriger Wirkung. Ganzjährig deshalb, weil die Gartenhäuser
auch im Winter genutzt werden. Soll die
Hecke später wegfallen, müssen auch
hiermit beide Nachbarn einverstanden
sein.

Idee

Es war von Beginn an klar, dass eine
konturenscharf geschnittene, meist aus
nur einer Art bestehende Formhecke
nicht den gemeinsamen Vorstellungen
einer lockeren, farbenreichen Begrenzung
entsprechen würde. Bei einreihiger
Pflanzung hat die favorisierte unge-
schnittene Blütenhecke zwar den ge-
ringsten Platzbedarf, bietet aber der
gewünschten Vielfalt zu wenig Raum. Die
Entscheidung für eine dreireihige Hecke
fällt unter anderem deshalb, weil der
Heckenstreifen von Ost nach West verläuft, so dass die Ansichtsseiten der

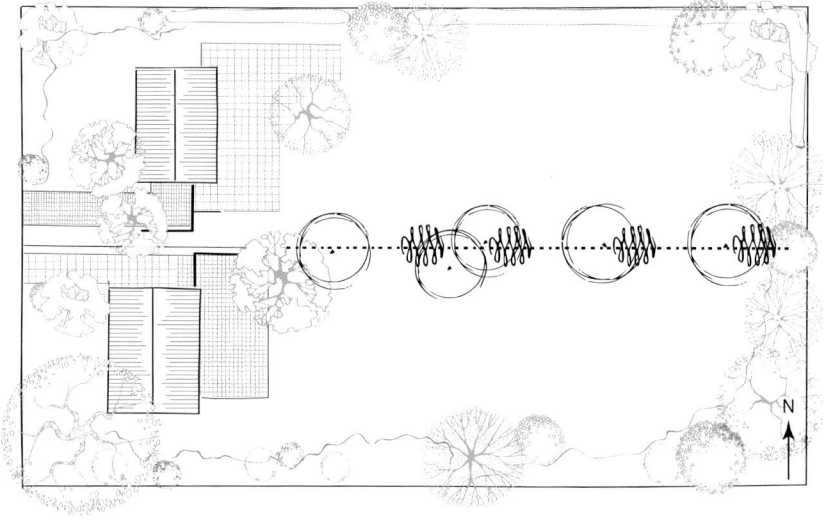

PLANBEISPIEL
VIELFARBIGE HECKE

„Vielfarbige
Hecke": Die zu
planende Hecke
soll auf der
Grundstücks-
grenze stehen.

Situations-Skizze: Die zu planende Hecke
trennt die beiden Grundstücke der Länge nach.

Nachbarn unterschiedlichen Lichtverhältnissen ausgesetzt sind. Das kann man in den Randreihen mit der Auswahl von Licht- und Schattenarten berücksichtigen. Alle Gehölze erhalten ausreichend Entwicklungsraum, wenn sich die Wuchshöhen und -formen der verwendeten Arten ergänzen. Die mittlere Gehölzreihe steht mit 3–5 m Wuchshöhe über den beiden Randreihen, die mit bis zum Boden dicht aufschließenden Klein- und Mittelsträuchern bis 2 m Wuchshöhe besetzt werden. Damit diese nicht in Bedrängnis geraten, kommen für die Mittelreihe ausschließlich straff aufrecht wachsende, den Bodenbereich offen lassende Arten oder einzelne hochstämmige Kleinbäume in Betracht. Auch in den meisten anderen Pflanzungen ist es wichtig, in solchen „Stockwerken" zu denken und zu planen. Konkurrenz wird damit weitgehend vermieden, gleichzeitig ist eine große Artenvielfalt auf gleicher Grundfläche möglich.

Auswahlliste

Großsträucher oder Kleinbäume mit 3–5 m Wuchshöhe für die Mittelreihe

Feuer-Ahorn *Acer tataricum* subsp. *ginnala*	hellgrüne Belaubung, schon im September feuerrotes Laub
Felsenbirne *Amelanchier arborea* 'Robin Hill'	rosafarbene Blüten (III/IV), schmalkronig, bronzefarbenes Herbstlaub
Rotlaubiger Perückenstrauch *Cotinus coggygria* 'Royal Purple'	rosafarbene Blüten-/Fruchtstände (VII–IX), tiefrote Blätter
Deutzie *Deutzia scabra* 'Plena'	weiße Blütenglöckchen (VI/VII), Massenblüher
Pfaffenhütchen *Euonymus planipes*	karminrote Fruchtkapseln ab VIII, gelbe bis rote Herbstfärbung
Goldregen *Laburnum* × *watereri* 'Vossii'	50 cm lange gelbe Blütentrauben (V/VI) insbesondere Samen tödlich giftig!
Zier-Apfel *Malus* 'Striped Beauty'	blüht weiß (V), leuchtendrote Früchte (IX–XI)
Lorbeer-Kirsche *Prunus laurocerasus* 'Caucasica'	blüht weiß im V und VIII/IX, immergrün, großblättrig, frosthart
Higan-Kirsche *Prunus subhirtella* 'Atumnalis Rosea'	blüht hellrosa (XI–IV) bei frostfreiem Wetter, gelbe Herbstfärbung
Klappernuss *Staphylea pinnata*	weiße Blütenrispen (V/VI), blasig aufgetriebene Fruchtkapseln, gelbe Herbstfärbung; helle Rindenzeichnung
Flieder *Syringa vulgaris* 'Andenken an Ludwig Späth'	blüht dunkel purpurrot (V)

Klein- bis Mittelsträucher von 1 bis 2 m Wuchshöhe für die sonnige Randreihe

Berberitze *Berberis verruculosa*	blüht gelb (V/VI), immergrün, überneigende Zweige
Bartblume *Caryopteris* × *clandonensis* 'Heavenly Blue'	tiefblaue Blüten (VIII/IX), graugrüne Belaubung
Scheinquitte *Chaenomeles* 'Elly Mossel'	blüht feuerrot (IV/V und VIII), leuchtend gelbe Früchte, auch am alten Holz ab X
Diel's Zwergmispel *Cotoneaster dielsianus*	blüht rosa (VI), elegant überneigende Zweige, scharlachroter Fruchtschmuck, gelbe bis braunrote Herbstfärbung
Radspiere *Exochorda*×*macrantha* 'The Bride'	reinweiß und reich blühend (V)
Goldglöckchen *Forsythia ovata* 'Dresdener Vorfrühling'	blüht gelb (III) zwei Wochen vor anderen Forsythien

Pflanzpläne nach Farbideen

Klein- bis Mittelsträucher von 1 bis 2 m Wuchshöhe für die sonnige Randreihe

Schaumspiere *Holodiscus discolor*	gelblichweiße Blütenrispen an überhängenden Zweigen (VII/VIII)
Kolkwitzie *Kolkwitzia amabilis*	blüht rosaweiß und reich (V/VI), Herbstfärbung braunrot
Fingerstrauch *Potentilla fruticosa* 'Abbotswood'	weiß blühend (VI–X)
Kartoffel-Rose *Rosa rugosa* 'Red Rugostar'	einfache, kirschrote Blüten, gelbe Staubgefäße (VI–X), gelbe Herbstfärbung, attraktive Hagebutten
Spierstrauch *Spiraea × cinerea* 'Grefsheim'	weißer Massenblüher an überneigenden Zweigen (IV), gelbliche Herbstfärbung
Spierstrauch *Spiraea japonica* 'Shirobana'	rosa und weiße Blütenstände (VII/VIII)
Spierstrauch *Spiraea × vanhouttei*	weißer Massenblüher an überneigenden Zweigen (V), Herbstfärbung braunrot
Schneeball *Viburnum × carlcephalum*	weiße, stark duftende Blütenstände (V), gelbe bis orangerote Herbstfärbung
Schneeball *Viburnum farreri*	weiße, duftende Blütenstände (XI bis III), rote bis dunkelviolette Herbstfärbung
Weigelie *Weigela* 'Eva Rathke'	leuchtend karminrote, trichterförmige Blüten (VI bis VIII)

Klein- bis Mittelsträucher bis 2 m Wuchshöhe für die schattige Randreihe

Hartriegel *Cornus sanguinea* 'Winter Beauty'	blüht weiß (VI), gelbe Herbstfärbung, schwarze Früchte, orange Wintertriebe
Hartriegel *Cornus sericea* 'Flaviramea'	weiß blühend (V), weiße Früchte, gelbgrüne Winterzweige
Hortensie *Hydrangea arborescens* 'Annabell'	Blütenbälle (30 cm Durchmesser), erst grünlich, dann weiß (VII–X)
Mahonie *Mahonia bealei*	gelbe, duftende Blütentrauben (XI–IV), Früchte blau bereift; immergrüne, dekorative Fiederblätter
Kerrie *Kerria japonica*	blüht gelb (IV/V), gelbliche Herbstfärbung, grüne Wintertriebe
Pfeifenstrauch *Philadelphus* 'Lemoinei'	blüht weiß (VI/VII), stark duftend
Gelblaubige Blasenspiere *Physocarpus opulifolius* 'Darts Gold'	weiße Blütenstände (V/VI), Blätter insbesondere im Austrieb leuchtend gelb
Duft-Himbeere *Rubus odoratus*	Blüten rosa, duftend (VI/VII), Blätter auffällig groß, gelappt
Schneeball *Viburnum × burkwoodii*	weiße, duftende Blüten (IV/V), wintergrüne, dunkle Blätter

Bewertung der Auswahlliste

Nach Sammlung ihrer „Steckbriefe" können die für die Farbgestaltung wichtigen Merkmale der Arten in die künftige Ereignisliste eingetragen und geprüft werden (siehe Seite 110). Gewünscht war Farbigkeit mit wechselnden Farbtönen über das ganze Jahr. Für die Bewertung der Auswahlliste sind die unterschiedlichen Perspektiven der Nachbarn zu berücksichtigen. Nachbar A hat den sonnigen Randstreifen vor sich, Nachbar B sieht die schattige Randreihe; die mittlere, hochwüchsige Pflanzreihe sehen beide Nachbarn.

Was wir nicht brauchen:

☼ eine Häufung gleicher Farben in verschiedenen Arten sowie

☼ eine Häufung gleicher Wirkungszeiträume farbiger Blüten, Blätter, Früchte oder Triebe.

☼ „Ausdünnen" auch deshalb, weil auf 30 m Heckenlänge je Pflanzreihe kaum mehr als 15 Gehölzarten unterzubringen sind. Anderenfalls sind Gruppierungen gleicher Arten nicht möglich. Die werden aber gebraucht, um ein buntes Durcheinander zu vermeiden.

Gestaltung

Um die gewünschte Farbenvielfalt im ganzjährigen Wechsel verschiedener Farbtöne zu erreichen, werden alle Register gezogen: Blütenfarben, farbiges Sommerlaub, Herbstfärbung, Fruchtfarben und Rindenfärbungen im Winter. Zunächst wird alles brauchbar Erscheinende zusammengetragen und wegen der unterschiedlichen Lichtverhältnisse am besten gleich nach Pflanzreihen unterschieden.

Wirkungen der beiden Heckenansichten

Sonnenansicht Gelb, Weiß und Rosa sind ausreichend vorhanden. Rote Blüten gibt es zwar nur wenige, sie werden aber um rote Sommerblätter, Früchte, rotes Herbstlaub und das in der mittleren Pflanzreihe vorhandene Rot bereichert. Das sparsame Blau, allein durch die spät blühende Bartblume (*Caryopteris*) vertreten, genügt dem Anspruch einer „Vielfarbigen Hecke" nicht. Blau blühende Gehölze sind dünn gesät; von den möglichen passt der Garten-Eibisch (*Hibiscus syriacus* 'Coelestis') sehr gut. Seine trichterförmigen, hellblauen Blüten erscheinen von Juni bis September und leiten nicht nur zeitlich zum tiefen Blau der Bartblume über. Die alternativ denkbaren blauviolett blühenden Rhododendron können wegen ihrer besonderen

Bodenansprüche (humos, kalkfrei) hier auch nicht verwendet werden.

Schattenansicht Das in der schattigen Randreihe fehlende Rot ist in der höheren, auch für den „Nachbarn B" gut sichtbaren Mittelreihe ausreichend vorhanden. Blau fehlt auch dort, deshalb wird ab und an die von Mai bis Juli tiefblau blühende Alpen-Waldrebe (*Clematis alpina* 'Pamela Jackman') eingefügt. Vorteil: Als Klettergehölz beansprucht sie keinen zusätzlichen Standraum. Mit 2–3 m Wuchshöhe nur schwachwachsend, hängt sie sich als „Schleiervegetation" in die Hecke ein, ohne diese unter sich zu begraben. Eine Hortensie mit blauen Blütenbällen (z.B. *Hydrangea macrophylla* 'Bouquet Rose') verlockt, das Blau der Waldrebe bis in den September auszudehnen. Leider genügen die Bodenverhältnisse den Ansprüchen der Hortensie – gleichmäßig feucht, humos, kalkarm – nicht. Deshalb sollte man lieber auf ein Farbereignis verzichten, das mühevolle Pflege, Beschwerden und schließlich eine Ersatzpflanzung nach sich zieht.

Korrektur der Auswahlliste

Die Auswahlliste veranschaulicht gleichzeitig, welche Arten und Sorten die Zahl der unterzubringenden Pflanzen unnötig erhöhen, ohne viel Neues einzubringen. So fällt die Häufung von Weiß auf. Hier sind die Gehölze wichtiger, die neben der Blütenfarbe noch etwas anderes – etwa

Duft, besonderen Blütenreichtum, Blattschmuck, Herbstfärbung – zu bieten haben. So sind die zeitgleich weißen Blütenfarben in der Mittelreihe mit jeweils anderen, unverzichtbaren Merkmalen verknüpft. Das gilt auch für die Schattenreihe. In der sonnigen Randreihe sind *Spiraea* × *vanhouttei* und *Spiraea* 'Grefsheim' entbehrlich: Die Blütenbälle von *Viburnum* × *carlcephalum* duften zusätzlich, *Exochorda* besticht durch ein besonders reines Weiß und der Fingerstrauch 'Abbotswood' ist wegen seiner langen Blütezeit wichtig. Die verbleibenden 15 Arten sind in jeweils unterschiedlich starken Gruppierungen auf 30 m Streifenlänge gerade noch gut planbar.

Gerüstart/Strukturbildner in der Hecke

Für die spätere Umsetzung im Pflanzplan ist es nötig, mindestens eine hochwüchsige Gehölzart zu benennen, die – im Heckenstreifen mehrfach wiederkehrend – der Vielfarbigkeit ein ordnendes Gerüst gibt. Das Auge braucht diese Muster zur Orientierung. Dabei muss es kein farbenprächtiges Gehölz sein – durch die Wiederholung fällt es ohnehin auf. Hier fiel die Wahl auf die Eberesche (*Sorbus aucuparia*). Als „Ereignisbaum" verändert sie sich mit den Jahreszeiten deutlich: Früher Austrieb, weiße Blüte, orangerote Beeren ab August bis in den Winter hinein und rote Herbstfärbung bieten eine Fülle an

Eindrücken. In den Randreihen stellt sich Übersichtlichkeit deshalb ein, weil die kleineren Gehölze größerer Stückzahlen bedürfen, um ausreichend wahrgenommen zu werden. Die entstehenden Gruppen gleicher Arten verhindern, dass es hier „zu bunt" zugeht. Besonders sorgfältig ausgewählt und in wenigen Exemplaren vor die Randreihen der Hecke gepflanzt, bringen wiederum etwas höhere Einzelgehölze weitere räumliche und

farbige Akzente in die Hecke. Sie haben vor allem auch die Aufgabe, einen allzu gleichmäßigen Höhenanstieg der Hecke zur Mitte hin spannungsvoll zu unterbrechen. Zudem wird durch die Freistellung erreicht, dass diese besonderen Gehölze stets gut sichtbar sind. Für den Sonnenrand wurde die Aralie (*Aralia elata*) ausgewählt, die auf dicken, senkrecht und kaum verzweigt aufragenden Trieben einen Schirm großer Fiederblätter trägt.

Auf der Schattenseite ist es ein Streifen-Ahorn (*Acer pensylvanicum*). Die großen, dreilappigen Blätter mit gelber Herbstfärbung werden von grünen, auffällig weiß linierten Zweigen und Stämmen getragen, was sehr dekorativ wirkt.

Mit diesem letzten Schritt haben wir die Auswahlliste von Seite 105 ff. in eine bereits fertig diskutierte Ereignisliste umgewandelt.

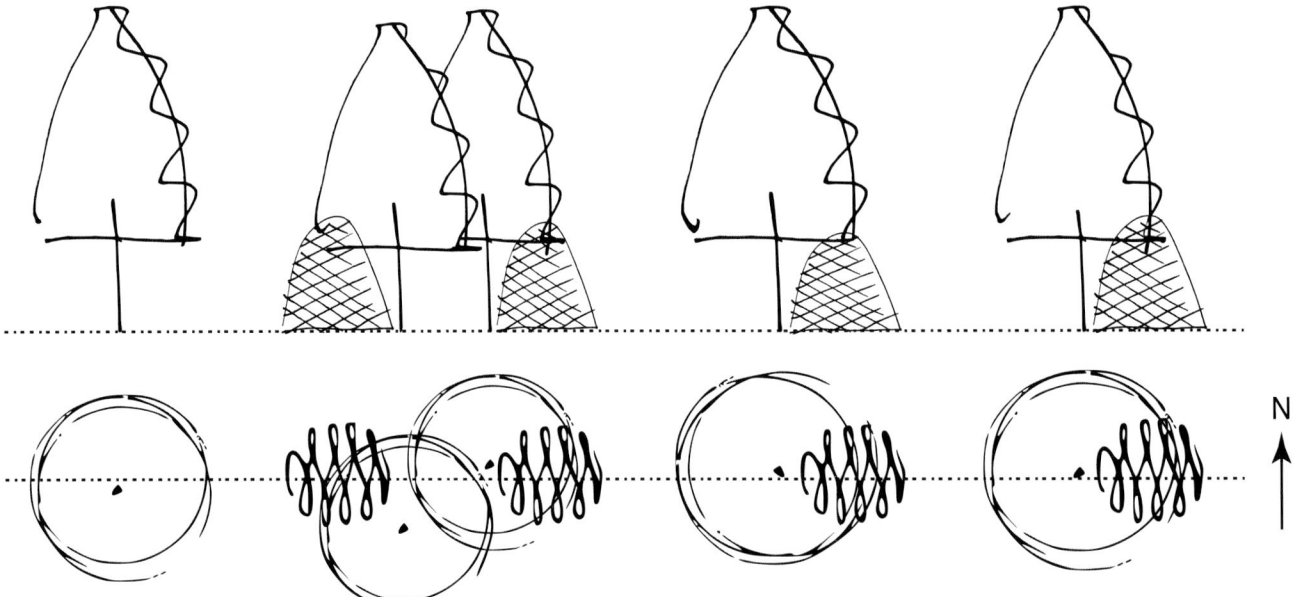

Die Mittelreihe aus Vogelbeere und Lorbeer-Kirsche bildet das Gerüst der „Vielfarbigen Hecke".

Ergänzung der Mittelreihe durch Großsträucher.

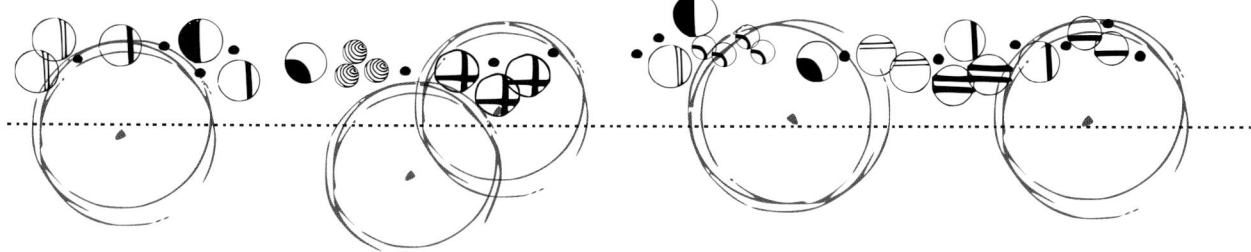

Gestaltung der nordseitigen (schattigen) Randreihe für Nachbar B.

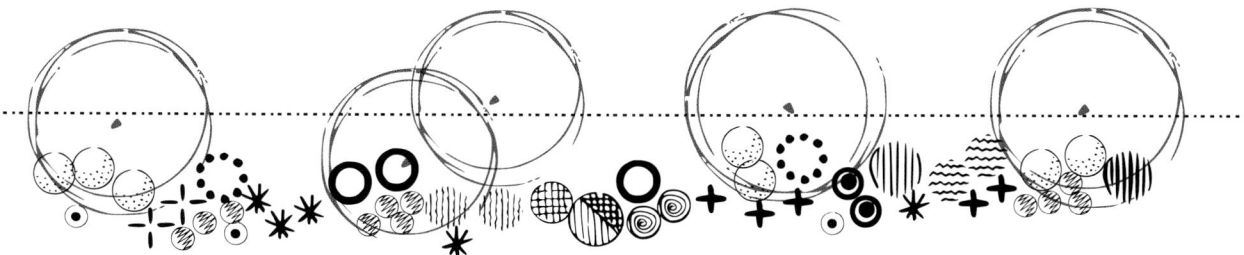

Gestaltung der südseitigen (sonnigen) Randreihe als Ansicht für Nachbar A.

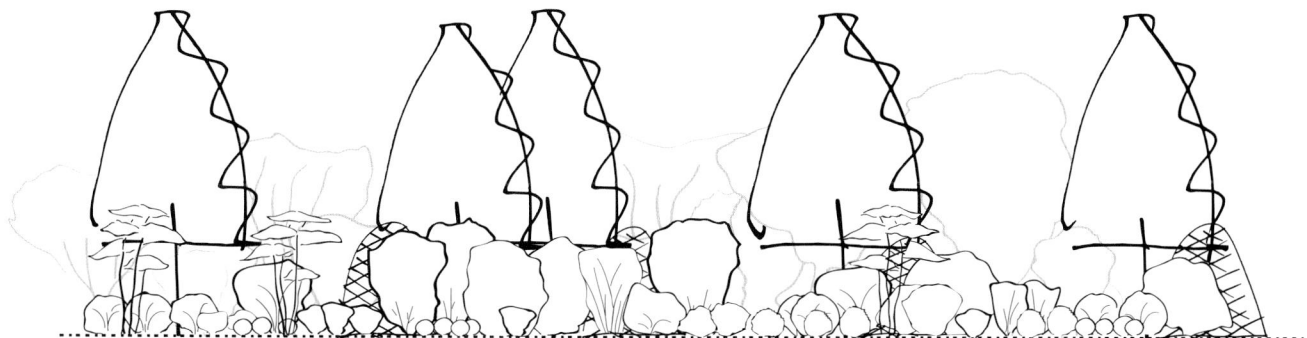

Ansicht der sonnigen Randreihe (Nachbar A) mit der höheren Mittelreihe.

Ereignisliste

Zur Bedeutung der Ereignisliste siehe Planbeispiel 1 (Seite 83)!

Nach der Bewertung der Auswahlliste sind Arten ausgeschieden oder ergänzt worden.

Art/Sorte	XII-II	III	IV/V	VI/VII	VIII/IX	X/XI	Bemerkungen
Sonnige Randreihe, sichtbar für Nachbar A							
Vorpflanzung:							
Aralie *Aralia elata*					FA		weiße Blütenschirme
						FA	gelbe Herbstfärbung
	FO						dicke Äste, Schirmkrone
				B			große Fiederblätter
Berberitze *Berberis verruculosa*			FA				blüht gelb
	B						immergrüne Blätter
Bartblume *Caryopteris 'Heavenly Blue'*					FA		blüht tiefblau
				FA			graugrüne Blätter
Scheinquitte *Chaenomeles 'Elly Mossel'*			FA	FA			blüht feuerrot
						FA	gelbe Früchte
Zwergmispel *Cotoneaster dielsianus*				FA			blüht rosa
					FA		rote Früchte
	FO						überneigender Wuchs
						FA	gelbe Herbstfärbung
Radspiere *Exochorda 'The Bride'*			FA				blüht reinweiß
	FO						kompakter Wuchs
Goldglöckchen *Forsythia ovata*		FA					blüht gelb (früh)
	FO						kompakter Wuchs
Eibisch *Hibiscus 'Coelestis'*				FA			blüht hellblau
	FO						straff aufrechter Wuchs
Schaumspiere *Holodiscus discolor*				FA			blüht gelblichweiß
	FO						breit überneigender Wuchs

FA Farbereignis (Blüten, Früchte, Sommerlaub, Herbstfärbung)

FO Formprägnanter Wuchs (vertikal, horizontal, Kugel, sparrig, überhängend)

B durch Kontur, Größe, Glanz, Lineatur usw. markante Belaubung

III März, Vorfrühling

IV/V April/Mai, Frühling

VI/VII Juni/Juli, Sommer

VIII/IX August/September, Spätsommer/ Frühherbst

X/XI Oktober/November, Herbst

XII-II Dezember bis Februar, Winter

Art/Sorte	XII-II	III	IV/V	VI/VII	VIII/IX	X/XI	Bemerkungen
Kolkwitzia / *Kolkwitzie*				FA			blüht rosaweiß
						FA	braunrote Herbstfärbung
Fingerstrauch / *Potentilla* 'Abbotswood'			FA				blüht weiß
	FO						buschiger Kleinstrauch
Kartoffel-Rose / *Rosa rugosa* 'Red Rugostar'				FA			blüht kirschrot
						FA	gelbe Herbstfärbung
						FA	orange Hagebutten
Spierstrauch / *Spiraea jap.* 'Shirobana'				FA			blüht rosa und weiß
	FO						buschiger Kleinstrauch
Schneeball / *Viburnum × carlcephalum*			FA				blüht weiß, duftet stark
						FA	gelbe Herbstfärbung
Schneeball / *V. farreri*	FA					FA	blüht weiß, duftet stark
						FA	rote Herbstfärbung
Weigelie / *Weigela* 'Eva Rathke'				FA			blüht karminrot
	FO						kompakter Wuchs

Mittlere, höchste Pflanzreihe; sichtbar für beide Nachbarn

Art/Sorte	XII-II	III	IV/V	VI/VII	VIII/IX	X/XI	Bemerkungen
Eberesche / *Sorbus aucuparia*			FA				blüht weiß
					FA		rote Früchte
						FA	rote Herbstfärbung
Feuer-Ahorn / *Acer tataricum* subsp. *ginnala*					FA		Herbstfärbung rot (früh)
	FO						aufrechter Wuchs
Felsenbirne / *Amelanchier* 'Robin Hill'			FA				blüht rosa
						FA	rote Herbstfärbung
Perückenstrauch / *Cotinus cogg.* 'Royal Purple'					FA		rosa Blüten-/Fruchtstände
			FA				tiefrote Blätter
Deutzie / *Deutzia* 'Plena'				FA			blüht weiß (reichblühend)
	FO						straff aufrechter Wuchs
Pfaffenhütchen / *Euonymus*					FA		karminrote Früchte
						FA	rote Herbstfärbung
Goldregen / *Laburnum* 'Vossii'			FA				gelbe Blütentrauben
	FO						straff aufrechter Wuchs

Exkurs *Bäume und Sträucher im Pflanzplan*

Der Durchmesser der für die Gehölze gezeichneten Kreise entspricht weder dem Durchmesser, den die Gehölze zum Zeitpunkt der Pflanzung haben, noch den Ausmaßen, die sie nach vielen Jahrzehnten unter günstigen Standortvoraussetzungen erreichen können.

Für die zeichnerische Darstellung ist ein mittlerer Kronendurchmesser sinnvoll, der den in einem überschaubaren Zeitraum anzunehmenden Zuwachs widerspiegelt (Kleinsträucher 2–3, Sträucher 5–10, Bäume 10–20 Jahre).

Bei maßstäblicher Darstellung ergeben sich gleichzeitig die geeigneten Pflanzabstände und benötigten Stückzahlen.

Pflanzpläne nach Farbideen

Art/Sorte	XII-II	III	IV/V	VI/VII	VIII/IX	X/XI	Bemerkungen
Zier-Apfel *Malus* 'Striped Beauty'			FA				blüht weiß
					FA		rote Früchte
Lorbeer-Kirsche *Prunus laurocerasus* 'Caucasica'			FA		FA		blüht weiß
	B/FA						dunkel-, immergrüne Blätter
	FO						schmal aufrechter Wuchs
Higan-Kirsche *Prunus* 'Autumnalis Rosea'	FA					FA	blüht hellrosa
						FA	gelborange Herbstfärbung
Klappernuss *Staphylea*			FA				blüht weiß
						FA	gelbe Herbstfärbung
Flieder 'Andenken an Ludwig Spaeth'				FA			blüht dunkelrot
	FO						straff aufrechter Wuchs

Schattige Randreihe, sichtbar für Nachbar B

Art/Sorte	XII-II	III	IV/V	VI/VII	VIII/IX	X/XI	Bemerkungen
Vorpflanzung:							
Streifen-Ahorn *Acer pensylvanicum*				B			dekorative Blätter
						FA	gelbrote Herbstfärbung
	FA						grüne und weiße Rinde
Klematis *Clematis alpina* 'P. Jackman'			FA				blüht tiefblau
Hartriegel *Cornus sang.* 'Winter Beauty'			FA				blüht weiß
	FA					FA	orange Triebe
						FA	gelbe Herbstfärbung
						FA	schwarze Früchte
Hartriegel *Cornus sericea* 'Flaviramea'			FA				blüht weiß
	FA					FA	gelbgrüne Triebe
						FA	weiße Früchte
Hortensie *Hydrangea arb.* 'Annabell'				FA			blüht grünlichweiß
	FO			FO			winterstabile Blütenbälle
Mahonie *Mahonia bealei*	FA						blüht gelb, duftet
					FA		blauschwarze Früchte
	B/FA						große, immergrüne Blätter
Ranunkelstrauch *Kerria japonica*				FA			blüht gelb
	FA					FA	frischgrüne Triebe
Pfeifenstrauch *Philadelphus* 'Lemoinei'				FA			blüht weiß, duftet
	FO						buschiger Kleinstrauch

FA Farbereignis (Blüten, Früchte, Sommerlaub, Herbstfärbung)

FO Formprägnanter Wuchs (vertikal, horizontal, Kugel, sparrig, überhängend)

B durch Kontur, Größe, Glanz, Lineatur usw. markante Belaubung

III März, Vorfrühling

IV/V April/Mai, Frühling

VI/VII Juni/Juli, Sommer

VIII/IX August/September, Spätsommer/Frühherbst

X/XI Oktober/November, Herbst

XII-II Dezember bis Februar, Winter

Art/Sorte	XII-II	III	IV/V	VI/VII	VIII/IX	X/XI	Bemerkungen
Blasenspiere *Physocarpus* 'Darts Gold'			FA				blüht weiß
			FA				gelbe Blätter
Duft-Himbeere *Rubus odoratus*				FA			blüht rosa, duftet
				B			großlappige, raue Blätter
Schneeball *Viburnum* × *burkwoodii*			FA				blüht weiß, duftet
	B/FA						wintergrüne Blätter

Pflanzplan

Beginnend mit der Mittelreihe, werden hier zunächst die Pflanzplätze der gerüstbildenden Eberesche festgelegt. Darauf folgen die hochwüchsigen und großblättrigen Lorbeer-Kirschen, weil sie der Hecke als Immergrüne zu einem ganzjährig erlebbaren Rhythmus verhelfen. Dann geht es mit den jeweils niedrigeren Wuchskategorien weiter, bis in die Randreihen hinein und so lange, bis die Artenliste ausgeschöpft ist. Sträucher mit bogig überneigenden, den Boden berührenden Zweigen wachsen zunehmend in die Breite (hier *Holodiscus discolor*, *Cotoneaster dielsianus*, *Berberis verruculosa*). Vorpflanzungen sollte der Planende deshalb vermeiden oder zumindest niedrigere Gehölze wählen, mit denen er genügend Abstand hält. Nur hochstämmige Gehölze sind in unmittelbarer Nachbarschaft möglich.

Die Farbverteilung sollte über die Hecke hinweg verbindende Akzente setzen und kontrastreich genug sein, so dass Weiß nicht gleichzeitig neben Weiß blüht. Kleinsträucher sollte man nicht einzeln verwenden, sie wirken dann eher zufällig als geplant, werden leicht von Nachbargehölzen überwachsen oder schlicht übersehen. Damit die Hecke einen lebendigen Eindruck vermittelt, dürfen beliebig viele Gehölze seitlich versetzt neben der „Mittellinie" stehen.

Zuletzt werden die vor die Hecke zu pflanzenden und dort räumliche Akzente setzenden Einzelgehölze mit Nahwirkung – Streifen-Ahorn und Aralie – platziert.

Pflege

An diesjährigen Trieben blühende Kleinsträucher blühen reicher, wenn sie vor dem Austrieb (März) bis über den Boden zurückgeschnitten werden. Der kräftige Aufwuchs zahlreicher Neutriebe ist mit ebenfalls zahlreichen Blüten verbunden. In unserer Hecke entsprechen *Hydrangea arborescens* 'Annabell', *Caryopteris* 'Heavenly Blue' und *Spiraea japonica* 'Shirobana' diesem Wuchs- und Schnitttyp.

Mit wenig Schnitten viel erreichen! Ein wichtiger Grundsatz, wenn zu dicht gewordene Sträucher ausgelichtet werden sollen. Hier genügt es meist, nur die kräftigsten, ältesten Triebe unmittelbar über dem Boden herauszunehmen (*Holodiscus*, *Kolkwitzia*, *Rosa rugosa*, *Weigela*, *Deutzia*, *Physocarpus*). So bleibt auch ihre typische Wuchsform erhalten. Duft-Himbeere (*Rubus odoratus*) und Ranunkelstrauch nehmen allmählich an Umfang zu, weil sie kurze Ausläufer bilden. Wen das stört, kann sie gelegentlich mit dem Spaten abstechen und an Freunde verschenken.

Clematis alpina braucht keinen Rückschnitt. Um die Pflanzen zu einem kräftigeren Austrieb anzuregen, können einzelne Triebe gelegentlich bis auf ein kräftiges Knospenpaar zurückgenommen werden. Das sollte man gleich nach der Blüte durchführen.

Ein Blick über den Farbenrand

Farbige Gärten sind nicht nur blütenreiche Gärten.
Auch Früchte, vom gewohnten Grün abweichendes Sommerlaub,
Herbstfärbungen, Stämme und Zweige steuern viel zur
Farbenvielfalt bei. Und wie schaut es jenseits der Farbwelten aus?

Gerade wer in seinem Garten auf Farben setzt, wird auf grüne Hecken, Bäume, Sträucher und farblich zurückhaltende, eher strukturbildende Ausstattungselemente nicht verzichten wollen. Fehlen dem Garten die präzise gesetzten Wände, fehlen ihm auch die so wichtigen Raumbildner; mehr noch, der Garten würde spätestens im Winter zusammen mit seinem Blütenflor in einer strukturlosen Fläche untergehen.

Gleichartige Heckengehölze in verschiedenen Farbsorten (hier Rot- und Blut-Buche) können einen spannenden Rhythmus erzeugen und Farbbeziehungen zur Vorpflanzung aufnehmen.

Freiheit in Grenzen

Hecken mit sorgsam geschnittenen Konturen und Mauern, deren Bauweise der Pflanzung gerecht werden, sowie Wege mit bestimmter Richtung und Oberfläche sind die wichtigsten Bausteine für das Raum- und Flächengerüst des Gartens. Sie bilden zugleich die ganzjährig rahmenden, prägnanten und übergeordneten Grenzen, innerhalb derer sich farbige, ungezwungene Freiheit entfalten darf, ohne dass der Überblick verloren geht. Sie trennen verschiedene Farbzusammenstellungen, indem sie gegensätzliche, Spannung schaffende und leuchtende Farben unterstreichende Hintergründe bilden. Immergrüne, gleichförmige Hecken mit Architekturcharakter sind der wichtigste wirkungssteigernde Gegensatz zur jahreszeitlichen Dynamik von Stauden und kurzlebigen Sommerblumenpflanzungen. Neben der Wandlungsfähigkeit dieser Vegetationsbilder gibt es die Möglichkeit, den von grünen oder gebauten Grenzen eingefassten Flächen völlig neue Inhalte zu geben. So kann eine neue Neigung ebenso wie ein gewachsenes Zeitbudget Anlass sein, eine Rasenfläche in einen Dahliengarten zu verwandeln.

Selbst wenn die Flächen zwischen den Heckenwänden nicht sofort gestaltet werden können, sind erlebbare Gartenräume da. Und wenn es darin pflanzlich wild hergeht, ist das eine reizvolle Entdeckung, die, sofern sie stört, wenigstens versteckt bleibt. Deshalb ist es so wichtig, zunächst ein Gartenkonzept zu haben. Damit wird jeder noch so kleine Schritt der Umsetzung in die richtige Richtung gehen. Wo Hecken, Rankgerüste und Mauern vorgesehen sind, sollten sie sofort gepflanzt oder errichtet werden. Das ist der Rahmen, der später ausgestaltet werden kann und – wenn vorhanden – mit Sicherheit Anregungen bereit hält.

Auch Skulpturen setzen dauerhafte räumliche Akzente, die Gärten struk-turieren. Gewöhnlich Einzelstücke, geben sie Gärten im Zusammenspiel mit den Pflanzungen eine unverwechselbare Identität. Häufig hält man sie für zu unwichtig oder zu kostspielig, so dass viele Gartenbesitzer darauf verzichten. Dabei gibt es genügend skulpturale Objekte, die die Stimmung der Gärten und Pflanzungen unterstreichen können – ob nun gesammelt oder mit etwas Fantasie selbst hergestellt. Beispiele über Stahl, Glas und Keramik hinaus sind einfache Holzstangen, prägnante Natursteine oder formgeschnittene Einzelpflanzen (Quader, Würfel, Säulen, figürliche „Topiaries").

Wiederholt zitierte, das Farbthema unterstützende Einzelobjekte sorgen für ganzjährig wirksame Strukturen.

Rankgerüste, Mauern und Pergolen bilden den platzsparenden und dauerhaften Rahmen für wechselnde Farbenspiele.

Mehr als Farbe

„Beruhigend, kühl, passiv, fern, leer";
Begriffe, die deutlich machen, dass Blau
mehr als nur „Blau" ist. Das gilt auch für
die mit der Farbe Rot verbundenen,
gegenteiligen Eindrücke „anregend,
warm, aktiv, nah, voll". Eigenschaften,
die nicht ausschließlich mit Farben
verbunden sind und deshalb auch über
die Form assoziiert werden können:
Ein blaues, ruhiges Blütenband erhält
einen dynamischen „Kick", wenn es
schwungvoll gewunden daherkommt.
Gerundete Steine oder Kugelpflanzen –
selbst wiederum statisch in sich ruhend –
spannen das richtungsbewegte Band
noch einmal gegensätzlich ein. Beispiele,
die demonstrieren, wie der Eindruck von
Statik und Dynamik sowohl durch Farben
als auch durch Formen erzeugt werden
kann.

Beispiel:
Umsetzung des Themas „Wasser"
in drei Varianten, von denen nur eine
zwingend mit Farben verbunden ist:

☼ Die reale Umsetzung mit Wasserpflanzen an Teichen und Bächen, die auch nasse Ufer aufweisen. Wasser als Sinnbild ist hier nicht nötig. Ein Farbthema kann frei gewählt werden.

☼ Gebaute Wasserbecken und Folienteiche haben gewöhnlich ein trockenes Ufer. Hier werden „Illusionisten" gebraucht, die auch in trockenen bis frischen Böden wachsen, gleichzeitig mit großen Blättern und üppigem Wuchs einen Feuchtlebensraum glaubhaft machen. Die Farben sind auch hier frei wählbar.

☼ Fehlt das Wasser ganz, müssen Farben – nun nicht mehr frei wählbar – den Eindruck von Wasser herstellen. Grau, Blau und Grün mit Nuancen sind gut geeignet. Unterstützung geben nichtpflanzliche Zutaten, etwa ein „liegengebliebener" Mühlstein oder das Geröllbett eines gerade „trocken-

gefallenen" Baches (siehe dazu auch Planbeispiel Seite 88).

In keiner der beschriebenen Situationen standen Pflanzen oder Farben am Anfang der Überlegungen. Vielmehr führten der Lebensbereich „Wasser" mit seinen Standortbedingungen, außerdem die typische Pflanzenphysiognomie feuchter Standorte und schließlich der Farbcharakter des Elements „Wasser" zur Pflanzenauswahl. Es liegt nahe, dass Farben, ergänzt durch ein geeignetes Interieur, nicht nur für Elemente (Feuer, Luft, Wasser, Erde) stehen, vielmehr parallel Sinnbild einer Stimmungslage (z.B. heiter, offen; kühl, introvertiert) sein können.

Oben: Farben von Pflanzen – unterstrichen durch ihre Gestalt und Anordnung – können Naturelemente suggerieren, die selbst nicht vorhanden sind. Hier ist unschwer ein „Bach" zu erkennen.

Rechts: Farben sind immer auch Stimmungsträger: Hier eine Pflanzung in Rottönen, „temperamentvoll" durch die Farbe und den mit erhobenen Blättern „tanzenden" Reigen der Canna (Gestaltung: C. Orel).

Struktur durch Rhythmus

Einzelobjekte

Gleiche, mindestens ähnliche Einzelobjekte – Pflanzen, Pflanzengruppen, Stelen, Skulpturen, Steine, Leuchten – werden vom Auge rascher erfasst, wenn sie häufiger wiederkehren als andere; und zwar weitgehend unabhängig von ihrer Farbigkeit.

Für die Erlebnisqualität von Gärten und Pflanzungen oft noch wichtiger als der Einsatz spektakulärer Farbeffekte ist der entstehende, für jedermann ablesbare Rhythmus.

Struktur durch Rhythmus 1: wiederkehrende Einzelobjekte.

Wiederkehrende Leitstauden stellen die Augen mit einem sicheren Trittmuster zufrieden. Den besten Halt bieten senkrecht aufragende „Pfeilerstauden" (hier Rittersporn).

Wiederkehrende Einzelobjekte:
Beispiel Steinsetzung

Wiederkehrende Flächenkonturen

Grenzlinien zwischen verschiedenen Pflanzenteppichen, zwischen Vegetation und Bodenbelägen mit übereinstimmendem oder ähnlichem Verlauf sorgen für Gestaltzusammenhänge, die jeden Betrachter überzeugen.

Ein Beispiel für solch eine wiederkehrende Flächenkontur ist der sich in die umgebenden Pflanzungen fortsetzende Schwung einer Freitreppe. Ein anderes Beispiel ist der Buchswürfel, welcher die Gliederung der Pflanzfläche in verschieden große Vierecke vorgibt.

Struktur durch Rhythmus 2: wiederkehrende Flächenkonturen.

Wiederkehrende Flächenkonturen: Beispiel Treppenschwung

Die Wirkungen des Prinzips „Wiederholung"

⟳ So wie positive Erfahrungen den Wunsch nach Wiederholung wecken, suggerieren umgekehrt wiederkehrende pflanzliche und andere Objekte etwas Positives, Bewährtes, zum verlässlichen Muster Erhobenes.

⟳ Wiederkehrende visuelle Eindrücke erleichtern die Orientierung. Sie können dem Auge „Trittsteine" bieten, die zu ausgewählten Punkten führen. Regelmäßige, deckungsgleiche Formen (wie Buchs- oder Eibenformen) sind geeignet, Wege- und Beetbegrenzungen zu markieren und so auch räumlich sichtbar zu machen.

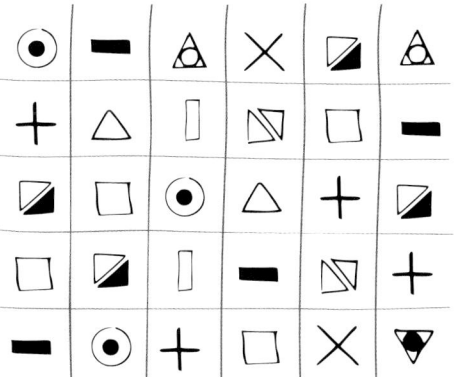

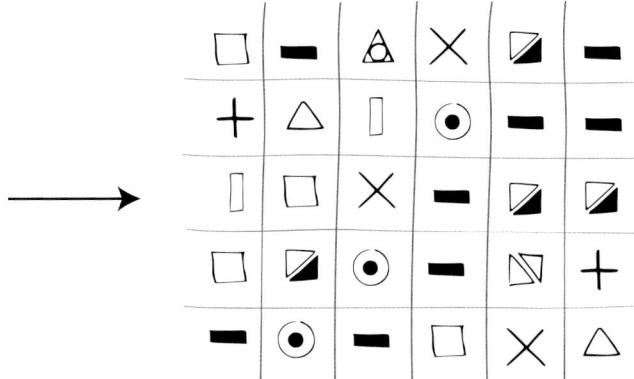

Schema: Wiederkehrendes sorgt für ablesbare Muster.

Gestalten heisst ordnen!

○ Durch ihre Wiederholung können auch weniger prägnante Pflanzen dem Betrachter näher gebracht werden. Da sie dezent auf den Betrachter wirken, sollte man sie in kürzeren Abständen pflanzen.

○ Die Beschränkung auf eine in größerer Zahl verwendete Pflanzenart kann eine Raumsituation unverwechselbar prägen (Fliederhof, Lindengarten, Kastanienallee).

○ Einzelpflanzen und Pflanzengruppen, die über verschiedene, höhengestufte oder räumlich getrennte Flächen hinweg wiederkehren, verbinden diese. Von Wegen zerschnittene Vegetationsflächen werden ebenso miteinander „verklammert" wie durch Mauern geteilte Terrassengärten und Einzelbeete, die in Rasenflächen oder Plätzen liegen.

Sommerlicher Sternenhimmel für Deutschland
16. Juli, 22 h

Struktur durch Rhythmus: Am Beispiel des Sternenhimmels wird deutlich, wie markante Einzelobjekte (Pflanzen eingeschlossen) in angemessener räumlicher Nähe zu Ordnung stiftenden Mustern verschmelzen.

Gleichförmiger Rhythmus

Abstandsgleiche Reihungen von Einzelobjekten und Flächen führen zu einem spannungsarmen, weil regelmäßig gleichförmigen Rhythmus mit hohem Orientierungswert (Fensterfronten, Reihen- und Rasterpflanzungen, Alleen, Barockgärten). Der kann wieder zurücktreten, wenn eines der zum Muster gehörenden Einzelelemente „aus der Reihe tanzt" und nun deutlich mehr Aufmerksamkeit erregt als das Reguläre.

Ungleichförmiger Rhythmus

Ungleiche Abstände und verschieden große Flächen sind spannungsreicher; allerdings ist es hier schwieriger, die optimalen Entfernungen zwischen den Einzelobjekten oder Flächengrößen zu bemessen. Solch ungleichförmiger Rhythmus kann nur überzeugen, wenn sich gleiche, besonders prägnante Einzelpflanzen oder Pflanzengruppen in bestimmten Abständen so wiederholen, dass ein im Zusammenhang wahrnehm-

bares Muster entsteht. Den Weg dahin demonstriert ein Blick auf den Sternenhimmel: Warum sind solche „Leitsternbilder" wie Großer Wagen („Himmelswagen") oder Cassiopeia („Himmels-W") so leicht aus der unendlich großen Zahl von Sternen herauszulesen?

Ursache ihrer Auffälligkeit sind offensichtlich die aus unserer Perspektive engen räumlichen Beziehungen zwischen besonders hellen Sternen. Zu dicht zusammenrückende Elemente erscheinen als Einheit, zu weite Abstände zwischen ihnen lassen keine Verbindung mehr erkennen. Im Garten sind straff aufrecht wachsende Gehölze und „Pfeiler"-Stauden (Rittersporne, Königskerzen, Stockrosen, Garten-Reitgras), hochstämmige Kleinbäume, ebenso „maßhaltig" formgeschnittene Säulen, Kugeln und Würfel oder dauerhaft umgrenzte Einzelbeete für eine Wiederholung besser geeignet als breit wachsende Sträucher, die sorgfältig gewählte Pflanzentfernungen mit den Jahren schrumpfen lassen.

Dreieckskomposition

Eine einfache Anwendung des Prinzips der Wiederholung ist die Pflanzung im ungleichseitigen, spannungsvollen Dreieck (Dreieckskomposition). Die Pflanzen gehören der gleichen Art an, damit die Verbindung zwischen ihnen

trotz weiter Pflanzabstände nicht abreißt. Im optischen Schwerpunkt des Dreiecks kommt das Auge zur Ruhe. Die Dreieckskomposition überspannt selbst verwirrend artenreiche Pflanzflächen ordnend. Auch hier ist es wichtig, die passenden Abstände zwischen den Pflanzen zu finden (z.B. 2:4:5). Die Spannung kann durch gestufte Pflanzengrößen noch gesteigert werden. So darf die am weitesten entfernte, am „längeren Hebel" sitzende Pflanze auch kleiner sein als die anderen.

Streupflanzung und Primzahlsetzung

In Vegetationsteppiche oder Geröllflächen eingestreut, erhalten formprägnante Pflanzen genügend Wirkungsraum, auch als Strukturbildner. Das ist für übergeneigt wachsende, „windspielige" Gräser (wie Blaustrahlhafer, *Helictotrichon* oder Lampenputzergras, *Pennisetum*) und kugelförmige Pflanzen besonders wichtig. Die Verwendung gleichartiger und gleich großer Einzelpflanzen sichert trotz entfernter und spannungsvoll ungleicher Pflanzabstände den optischen Zusammenhalt der Gruppe. Gelegentlich erfolgen diese „Streupflanzungen" in geringen Stückzahlen. In dieser Situation garantiert die „Primzahlsetzung" mit fünf oder sieben, gut auf einen Blick „abzählbaren" Pflanzen ein offen dynamisches, weil ungeradzahliges Arrangement.

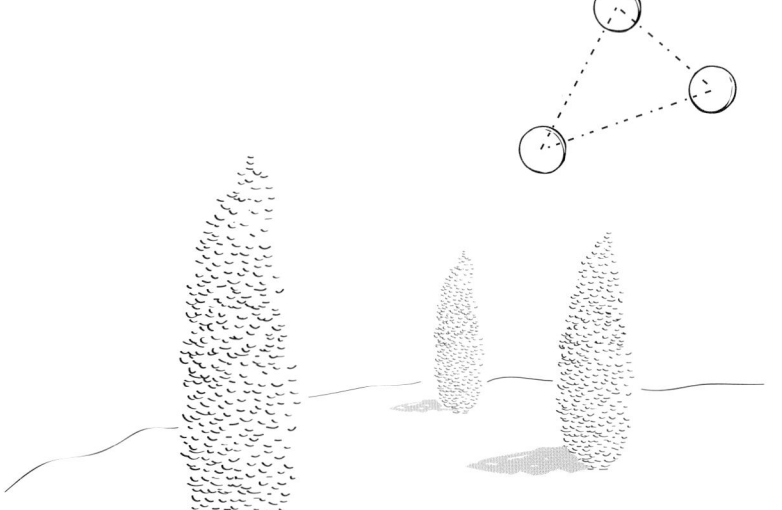

Dreieckskomposition

Primzahlsetzung

Strukturpflanzen und Formcharaktere

Langlebige Gehölze und nicht verholzende Stauden verleihen einer Pflanzung über oft kurze Blühzyklen hinaus Raumstruktur und Rhythmus. Was wird von einem „Strukturbildner" erwartet? Zunächst sollten die geeigneten Pflanzen hoch genug und damit gut sichtbar sein. Um einer Pflanzung Halt bieten zu können, ist die eigene Standfestigkeit wichtig. Das ist bei Gehölzen selbstverständlich, gilt jedoch nicht für alle Stauden.

Viele der strukturstabilen Stauden und Staudengräser können über den Winter stehen bleiben; sie bieten sowohl interessante Formen als auch mit ihren Fruchtständen Nahrung für Kleinvögel. Würde man sie im Herbst zurückschneiden, müsste man zudem auf reizvolle Vegetationsbilder mit Schnee und Raureif verzichten. Zu Winterausgang müssen auch sie zurückgeschnitten werden, um dem Neuaustrieb Platz zu machen.

Viele der Strukturpflanzen haben einen prägnanten Wuchs, der ihren Orientierungswert erhöht. Das gilt insbesondere für straff aufragende Pflanzen, die sehr deutliche Zeichen setzen, ohne viel Platz zu verbrauchen. Die weiß blühenden unterstreichen das Farbthema, aber auch das Blattwerk in der Umgebung, das intensive Farben überdecken würden. Bogig überneigende Gräser wirken elegant und dynamisch. Stehen sie eingezwängt zwischen zu hohen Nachbarpflanzen, können sie nicht wirkungsvoll zur Geltung kommen.

Da ein „Gerüst" ein komplexes Gebilde ist, wird man diese Pflanzen über die Fläche hinweg wiederholt und gezielt platziert verwenden. Einige charaktervolle Strukturbildner sind nicht überall einsetzbar, weil sie sich stark versamen und dann auch an unerwünschten Stellen auftauchen. Beispiele sind Königskerzen, Fingerhüte (im Schatten) und das sparrig verzweigte Eisenkraut (*Verbena bonariensis*).

Lebensbereich sonnige Freifläche

Gehölze

Um blütenreichen Pflanzungen ganzjährig eine räumliche Struktur zu geben, können sparsam eingesetzte Kleingehölze helfen. Sind sie durch Blüten oder Laubwerk farbig, müssen die daraus resultierenden Beziehungen zum Farbkonzept der Grundpflanzung bedacht werden. Nicht alle Gehölze sind zur Gliederung von flächigen Pflanzungen geeignet. Wichtig sind die **„kahlfü-ßigen" Sträucher,** die – straff aufrecht wachsend und im Querschnitt etwa ein

„V" bildend – den Bodenbereich offen lassen und damit die Unterpflanzung nicht stören. Dazu gehören die Kleeulme (*Ptelea trifoliata*) mit dreizähligen Blättern und gelber Herbstfärbung schon ab September, Aralien (*Aralia elata*) mit großen Fiederblättern an dicken, dornigen Ästen und die Klappernuss (*Staphylea pinnata*) mit weißen Blütentrauben, gelber Herbstfärbung und weißer Rindenzeichnung. Strauch-Pfingstrosen (*Paeonia-Suffruticosa*-Gruppe) in weiß blühenden Sorten passen in alle Farbkonzepte, bestechen durch ihr dekorativ geschnittenes Blattwerk und dicke, strukturstarke Zweige im Winter. Auffällige, dabei weniger bekannte **Kleinbäume mit Schirmkrone** sind der Blasen-

baum (*Koelreuteria paniculata*) mit gelben Blütenständen im Sommer und die Koreanische Stinkesche (*Euodia daniellii*), ebenfalls ein weißer Sommerblüher. **Säulengehölze** setzen unübersehbare Akzente. Die bekanntesten sind Säulen-Wacholder (*Juniperus communis* 'Hibernica') in Graugrün, *Juniperus scopulurum* 'Skyrocket' in Blaugrün und Säulen-Eiben (*Taxus baccata* 'Fastigiata Robusta') mit dunkelgrüner Behandlung. Für Liebhaber des Besonderen sind Blauglockenbäume (*Paulownia tomentosa*) interessant, die in einem Sommer 3 m hoch wachsen und dabei Riesenblätter entwickeln, sofern sie jährlich vor dem Austrieb bis über den Boden zurückgeschnitten werden.

Auch spannend: die „hinter" den Farben stehenden Strukturen und ihre Gegensätze entdecken.

Stauden
Akanthus (*Acanthus hungaricus*)
Dekorative, stumpfzackige Blätter;
vertikale lila Blütenstände bis 1 m, stand-
fest bis Winterausgang.
Stockrose (*Alcea ficifolia*) Blätter tief
handförmig eingeschnitten; Blütenstän-
de mit großen chromgelben Blüten ragen
bis 2 m auf; Sorten in vielen Farbtönen.
Steppenkerze (*Eremurus himalaicus*)
Über schmalblättrigem Blattschopf bis
2,5 m hohe weiße Blütenkerzen im Mai/
Juni; der Austrieb erfolgt in rasantem
Tempo ab März; im Herbst oberirdisch
verschwunden.
Palisaden-Wolfsmilch (*Euphorbia chara-
cias* subsp. *wulfenii* 'Blue Wonder')
Dichtwalzig belaubte Triebe bis 1 m; die
frostharte Sorte 'Blue Wonder' hat blaue
Blätter an dunkelroten Stielen.
Weidenblättrige Sonnenblume (*Helianthus salicifolius*) Schmale, überhängende
Blätter an übermannshohen, unver-
zweigt aufsteigenden Achsen; ähnlich,
aber straff aufrecht, mit breiteren Blättern und schnellerem Höchenwachstum
ist *Helianthus orgyalis*.
Königskerze (*Verbascum bombyciferum*)
Aus intensiv silbergraufilzigen Blattrosetten erwachsen im 2. Jahr übermanns-
hohe gelbe Blütenkerzen; durch spontane Selbstsaat nicht gezielt zu platzie-
ren; verschwindet, wenn besiedelbare
Lücken in der Vegetation fehlen; eine
weiß blühende Alternative ist *Verbascum
nigrum* 'Album'.

Palmlilie (*Yucca filamentosa*) Weiße
Glockenblüten in monumentalen Blütenständen über immergrünen Blattschöpfen; empfehlenswert die Sorten mit
straff ausstrahlenden, nicht knickenden
Blättern, wie 'Elegantissima' (1,5 m) oder
'Glockenriese' (2 m).

Mehrjährige Gräser
Garten-Reitgras (*Clamagrostis × acutiflora* 'Karl Foerster') Nach Rückschnitt
schon im März rasch wieder austreibend;
straffe, durch den Winter standfeste
Büsche bis 1,5 m; im Juni blühend; einzeln, locker gruppiert oder in dichten
Blöcken verwendbar.
Diamant-Gras (*Calamagrostis brachy-
tricha*) Später austreibend und blühend
(September) als vorige Art; 1 m hoch
werdend; in den lockeren Blütenständen
bleiben Wassertropfen hängen; winterstabil.
Atlas-Schwingel (*Festuca mairei*)
Feinhalmiger Blattschopf mit weit überneigenden, dünnen Blütenähren für den
Freistand; 70 cm; winterstabil.
Riesen-Chinaschilf (*Miscanthus × gigan-
teus*) Straffe, bis 3 m aufragende Halme,
gewöhnlich nicht blühend, winterstabil.
Feinhalm-Chinaschilf (*Miscanthus sinensis* 'Gracillimus') Fein ausstrahlende
Blätter; Wuchshöhe 2 m; besonders eindrucksvoll bei Gegenlicht und Raufrost;
gewöhnlich nicht blühend; winterstabil.
Ähnlich, aber mit schmalen Blättern und
silbrigem Mittelstreifen, fedrigen Blüten-

ständen und einer von Wuchshöhe mit
1,3 m ist die Sorte 'Morning Light'.
Rutenhirse (*Panicum virgatum*) Straff
aufragendes Gras mit feingliedrigen
Blütenständen; strukturstabil durch den
Winter; die Sorten zeigen erhebliche
Unterschiede, z.B.:
✥ 'Heavy Metal': Blätter blau, schmal;
1,5 m
✥ 'Rotstrahlbusch': Blätter ab Sommer
von den Spitzen her rot; 1,5 m
✥ 'Blue Tower': blaue Blätter; 2,5 m
✥ 'Northwind': olivgrün; 1,5 m

Panicum brauchen viel Wärme, um zu
wachsen. Erst im Mai gibt es grüne
Spitzen, deshalb unbedingt vorab treibende und blühende Narzissen oder
Tulpen mit verwenden.

Pflanzungen im Baum- und Gebäudeschatten

Gehölze Wenngleich die Stämme vorhandener Bäume den Raum staffeln, sind
einige Sträucher in der mittleren, der
Blickhöhe entsprechenden Raumebene
nützlich, um hier Akzente zu setzen. Im
lichten Schatten gedeihen Japanische
Ahorne (*Acer palmatum*) mit filigranem
Blattwerk und roter Herbstfärbung gut,
von denen es unzählige Sorten gibt. Die
einzige Schatten ertragende Zaubernuss

In Schattenpflanzungen können großblättrige Stauden wuchtige und langlebige Farbhintergünde abgeben.

ist *Hamamelis virginiana*, die – mit strengem Duft – im Oktober/November blüht. Die Schmuckblatt-Mahonie (*Mahonia bealei*) ist immergrün und dekorativ fiederblättrig, fällt aber im Winter auch durch ihre gelben, duftenden Blütentrauben auf. Blattschmuck bieten auch die Samtblatt-Hortensie (*Hydrangea aspera* subsp. *sargentiana*) mit großen, filzig behaarten Blättern und die Eichenblättrige Hortensie (*Hydrangea quercifolia*),

deren spitzlappige Blätter sich im Herbst braunrot verfärben.

Wer keinen Schatten hat und Schattenstauden pflanzen möchte, pflanzt einen Haselhain. Haselsträucher (*Corylus avellana*) bleiben mit 5 m Wuchshöhe deutlich kleiner als Bäume und lassen den Bodenbereich offen, während die Kronen ein schattenspendendes Dach bilden. Der Haselhain kann unterpflanzt und betreten werden. Rotblättrige Haseln

gestatten spannende Farbbeziehungen – farbsteigernd (rot) oder farbgegensätzlich (weiß) – zum Unterpflanzen mit Blüten- und Blattschmuckstauden.

Stauden
Wald-Geißbart (*Aruncus dioicus*) Weiße Blütenwedel im Juni über Fiederblättern; 1,5 m und mehr.
Tafelblatt (*Astilboides tabularis*) Schirmgroße, ganzflächige Blätter; 70 cm.

Im Schatten kann man mit den großformatigen Blättern von Tafelblatt oder Funkie effektvolle Kontraste zu linearen Blattformen schaffen, hier das Gras *Hakonechloa macra* 'Aureola' (Flächen-Linien-Kontrast bei KARL FOERSTER, „Harfe und Pauke").

Silberkerze (*Cimicifuga rubifolia* 'Blickfang') Schmale weiße Blütentrauben überragen hellgrüne Fiederblätter vertikal bis 2 m.

Fingerhut (*Digitalis purpurea*) Die straff aufragenden Blütenstände gliedern deutlich, vor allem die weißblühenden Sorten ('Frosty': reinweiß, 'Camilla Crowther': grünlichweiß); durch die spontan auftretenden Sämlinge ist die Platzierung der Pflanzen schwierig. Die erst im Folgejahr blühenden Jungpflanzen können noch umgesetzt werden.

Verschiedene großblättrige Funkiensorten (*Hosta*) sind wichtige Strukturbildner, sie tolerieren sogar sonnige Standorte:

☼ 'Sum and Substance': gelbgrün; 1,5 m
☼ *H. sieboldiana* 'Elegans': blau; 60 cm

☼ 'Francee': grün, weißrandig; 50 cm
☼ 'Big Daddy': graublau, 90 cm
Funkien treiben spät, deshalb sollte man dazwischen frühblühende Zwiebel-/Knollen-/Rhizomstauden pflanzen, die mit dem Austrieb der Funkien einziehen (Winterlinge, Blausterne, Schneeglanz, Stern-Anemonen).

Zackenblatt-Rodgersie (*Rodgersia podophylla*) Große, handförmig geteilte, gezähnte Blätter, rote Herbstfärbung ('Rotlaub' hat rote Sommerblätter).

Staudengräser
Hänge-Segge (*Carex pendula*) Immergrün; 1 m × 1 m × 1 m; die ebenso wie die breiten Blätter sich bogig überneigenden Blütenstände brauchen viel Raum.

Rasen-Schmiele (*Deschampsia cespitosa* 'Tauträger') Feingliedrige Blütenstände über schmalblättrigem Blattschopf an straff-aufrechten, bis zu 1,2 m aufragenden Stielen.

Farne
Borrers Wurmfarn (*Dryopteris affinis* subsp. *borreri*) Auffallend dunkelgrüner Farn bis 1 m Höhe.

Wurmfarn (*Dryopteris filix-mas*) Gut wintergrüner, robuster Farn, der auf frisch-humosen Böden auch Sonne toleriert.

Schwertfarn (*Polystichum munitum*) Hervorragend wintergrüner Farn mit überneigenden Wedeln.

Exkurs *Gestaltungsprinzip „Harfe und Pauke"*

Im Schatten und auf feuchten Flächen müssen Pflanzen nicht mit Wasser geizen. Damit Transpiration und Nährstoffaufnahme trotz hoher Luftfeuchte funktionieren, sind große Blattflächen sinnvoll. Die wiederum bieten sich für spannende Kontrastsetzungen mit linearen Blattformen an. Für diesen **„Linien-Flächen-Kontrast",** vom Gärtnerpoeten KARL FOERSTER (1874–1970) bildhaft als „Harfe und Pauke" umschrieben, werden Gräser und andere Stauden mit grasähnlich schmalen Blättern gebraucht.

Wichtig ist, dass die Proportionen stimmen; z.B. das Tafelblatt *Astilboides tabularis* mit regenschirmgroßen Blättern neben der bogig überneigenden, blühend brusthohen Riesen-Segge (*Carex pendula*) oder – eine Größenkategorie niedriger – breitflächiges Funkienlaub (z.B. *Hosta* 'Francee') neben kniehoch aufragenden Wiesen-Iris (*Iris sibirica*) mit linealen Blättern.

Sind die Höhenunterschiede zu groß, ist der gewollte Zusammenhang zwischen den Kontrastpartnern nicht erkennbar. Das gilt auch für das Verhältnis zwischen dem Blattdurchmesser der flächigen und der Länge linealer Blätter.

„Harfe und Pauke" (KARL FOERSTER):
Das Nebeneinander linearer und flächiger Blattformen sorgt zuverlässig für spannende Kontraste. Den linearen Part, gewöhnlich durch Gräser vertreten, können auch Schwertlilien oder eingesteckte Stäbe übernehmen.

Weiterführende Literatur

Grundlagen der Farbenlehre

AMBROSE, G./HARRIS, P. (2006): Farbe. Basics Design. Stiebner Verlag, München.

BACHMANN, U. (2006): Farben zwischen Licht und Dunkelheit. Colours Between Light And Darkness. (Deutsch-Englisch) Niggli Ag., Sulgen (CH).

BIESALSKI, E. (1966): Pflanzenfarben-Atlas nach DIN 6164. Beuth-Verlag, Berlin.

BRAEM, H. (2004): Die Macht der Farben. Wirtschaftsverlag Langen Müller/Herbig, München.

BRUNS, M. (2001): Das Rätsel der Farbe. Philipp Reclam jun. Verlag, Stuttgart.

FRIELING, H. (1981): Mensch und Farbe. Wilhelm Heyne Verlag, München.

GAGE, J. (1999): Die Sprache der Farben. Ravensburger Buchverlag.

HELLER, E. (2004): Wie Farben wirken. Farbpsychologie, Farbsymbolik, Kreative Farbgestaltung. Rowohlt Verlag, Reinbek.

ITTEN, J. (1970): Kunst der Farbe. Otto Maier Verlag, Ravensburg.

ITTEN, C. (2006): Farbe und Kommunikation. Seemann Verlag, Leipzig.

KÜPPERS, H. (2000): Das Grundgesetz der Farbenlehre. DuMont Buchverlag, Köln.

LIEDL, R./AMERSTORFER, S.N. (1997): Die Pracht der Farben. Eine Harmonielehre. Spektrum Akademischer Verlag, Heidelberg.

MINNAERT, M. (1992): Licht und Farbe in der Natur. Birkhäuser Verlag, Basel/Boston/Berlin.

PARRAMÒN, J. (1993): Das große Buch der Farben. Edition Michael Fischer, Stuttgart.

WELSCH, N./LIEBMANN, C.C. (2006): Farben. Spektrum Akademischer Verlag, Heidelberg.

Farben im Garten

ABBOT, M. (2000): Licht und Farbe im Garten. BLV Buchverlag, München.

BILLINGTON, J. (2002): Farbe für den Garten. Gestaltungsideen mit neuen Pflanzenkombinationen. BLV Buchverlag, München.

FISHER, S. (2003): Farbparadies im Garten. Franckh-Kosmos Verlag, Stuttgart.

HATTATT, L. (2004): Gärten farbig gestalten. Parragon, Köln.

HOBHOUSE, P. (2000): Farbe im Garten. Verlag Eugen Ulmer, Stuttgart.

HOFMEISTER, K./BRAND, C. (2001): Gärten in Blau. Verlag Callwey, München.

JOYCE, D. (2001): Blattschmuck im Garten. Formen, Farben und Strukturen. BLV Buchverlag, München.

KEEN, M. (1994): Colour Your Garden. Conran Octopus Limited, London.

KEIL, G./BECKER, J. (2003): Die Kunst der Beete. Fantasievolle Gartengestaltung mit Duft, Farben und Formen. Deutsche Verlagsanstalt, Stuttgart.

LAWSON, A. (1997): Das Gartenbuch der Farben. Ellert & Richter Verlag, Hamburg.

LLOYD, C. (2002): Faszination Farbe im Garten. Verlag Callwey, München.

LLOYD, C. (2006): Traumbeete durchs ganze Jahr. Verlag Eugen Ulmer, Stuttgart.

LORD, T.: (2003): Enzyklopädie der Pflanzenkombinationen. Knaur Ratgeber Verlage, München.

POPE, N./POPE, S. (2002): Planting with Colour. Conran Octopus Limited, London.

ROSENFELD, R. (2002): Der farbenfrohe Garten. Neue Ideen für die Gartengestaltung nach Farben. Pabel-Moewig Verlag, Hamburg.

URBAN, H. (2006): Ein weißer Garten. Harmonie und Vielfalt. Verlag Eugen Ulmer, Stuttgart.

URBAN, H. (2006): Taschenatlas Pflanzen für den weißen Garten. Verlag Eugen Ulmer, Stuttgart.

URBAN, H. (2007): Taschenatlas Blaue Pflanzen für den Garten. Verlag Eugen Ulmer, Stuttgart.

WALZ, V. (2005): Bunte Beete in voller Blüte vom Frühling bis zum Herbst. Farbgestaltung im Garten. Österreichischer Agrarverlag, Leopoldsdorf bei Wien.

Register der Pflanzennamen

Sachregister

Kursiv gesetzte Seitenzahlen beziehen sich auf Abbildungen

Bildquellen

Beck, Manuela Seite 13 links, 36 oben.
Bellstedt, Ronald Seite 24
Blickwinkel/H. J. Igelmund Seite 32 unten
Borchardt, Wolfgang Vorsatz vorne, Seite 9 oben, 10 rechts, 13 rechts, 14 links und rechts, 15 links und rechts, 19 unten links und unten rechts, 22 oben und unten, 23, 30 links und Mitte, 34, 37, 38 oben, 41, 42, 44 oben und unten, 49 oben und unten, 51, 53 links und rechts, Seite 59, 61, 65 unten, 69 oben und unten, 70 oben und unten, 117 oben und unten, 120.
botanikfoto/Steffen Hauser Seite 6, 26 links.
Brandt, Christa Seite 22, 2. v. oben und 2. v. unten, 25, 27 unten, 28 unten, 30 links, 38 unten, 47, 48, 128.
Edelmann, Theresa Seite 17 oben, 20, 87, 125.
GBA Strauß Seite 19 oben links und oben rechts, 33, 57 rechts.
iStockphoto/Wouter Tolenaars Seite 118
Nickig, Marion Seite 68, 119.
Redeleit, Wolfgang Seite 60, 62, 114, 116.
Reinhard, Hans Seite 8, 11, 12 links und rechts, 18, 21, 27 oben, 28 oben, 32 oben, 36 unten, 40, 54, 56 unten, 57 unten, 65 oben, 66 oben und unten, 72, 124, 126, 129.

Reinhard, Nils Seite 2, 9 unten, 10 links, 26 rechts, 35, 46, 56 oben, 57 links, 63.
Rimbach, Daniel Seite 29.
Wolf, Thomas (Planung: Büro Stock & Partner, Jena) Seite 71

Alle Zeichnungen wurden von Theresa Edelmann, Dresden, nach Vorgaben des Autors angefertigt.

Titelfoto: mauritius images/Botanika

Die in diesem Buch enthaltenen Empfehlungen und Angaben sind vom Autor mit größter Sorgfalt zusammengestellt und geprüft worden. Eine Garantie für die Richtigkeit der Angaben kann aber nicht gegeben werden. Autor und Verlag übernehmen keinerlei Haftung für Schäden und Unfälle.

Bibliografische Information der Deutschen Nationalbibliothek
Die Deutsche Nationalbibliothek verzeichnet diese Publikation in der Deutschen Nationalbibliografie; detaillierte bibliografische Daten sind im Internet über http://dnb.d-nb.de abrufbar.

© 2008 Eugen Ulmer KG
Wollgrasweg 41, 70599 Stuttgart (Hohenheim)
E-Mail: info@ulmer.de
Internet: www.ulmer.de
Lektorat: Karin Wachsmuth, Helen Haas
Gestaltung: SilberGestalten.de
Herstellung: Gabriele Wieczorek
Umschlagentwurf: red.sign, Anette Vogt, Stuttgart
Druck und Bindung: Printer, Trento
Printed in Italy

ISBN 978-3-8001-5447-0